Antonín Dvorák, Josef Otakar Veselý

Der Bauer ein Schelm

Komische Oper in zwei Akten

Antonín Dvorák, Josef Otakar Veselý

Der Bauer ein Schelm
Komische Oper in zwei Akten

ISBN/EAN: 9783337320669

Hergestellt in Europa, USA, Kanada, Australien, Japan

Cover: Foto ©Thomas Meinert / pixelio.de

Weitere Bücher finden Sie auf **www.hansebooks.com**

Der Bauer ein Schelm.

Šelma sedlák

Komische Oper in zwei Akten

Text von J. O. Veselý

Deutsche Uebersetzung von Em. Züngel

MUSIK

von

ANTON DVOŘÁK.

Clavier-Auszug.

Verlag und Eigenthum
von
N. SIMROCK in BERLIN.

1882.

PERSONEN:
OSOBY:

Der Graf (Kníže)	*Baryton.*
Die Gräfin (Kněžna)	*Sopran.*
Martin, ein reicher Bauer (bohatý sedlák)	*Bass.*
Regina, seine Tochter (Bětuška, jeho dcera)	*Sopran.*
Gertrude, Schaffnerin (Veruna, šafářka)	*Alt.*
Conrad, ein Bauernsohn (Václav, selský synek)	*Tenor.*
Gottfried, ein junger Hirte (Jeník, mladý pastýř)	*Tenor.*
Bertha, Kammerzofe (komorná)	*Sopran.*
Jean, Kammerdiener (komorník)	*Tenor.*

Schlossbewohner. Landvolk beiderlei Geschlechts. Musikanten. Diener.
(Lid zámezký. Lid vesnický obojího pohlaví. Hudebníci. Sluhová.)

Inhalt.

Ouvertüre Seite 5

I. Akt.
Jednání I.

Mädchenchor und Scene: Frühlingsluft fächelt schon
Zavítal do kraje „ 17

Duett: Schon wieder so trübgesinnt,
Již zas tak zamy šlená „ 24

Scene und Quartett: Ha, was soll denn das bedeuten?
Já zku, Běto, co pak je to „ 32

Arie: Ja, zu ihm, der treu und bieder
Dobrá, jdi si tedy k němu „ 47

Scene und Chor: Ach, Gertrude!
Ach, Veruno! „ 52

Duett: Was nützt es, lieber Alter
Co platno mi, pantáto „ 56

Chor: Im gedeckten Wagen fährt der Graf
Jede v krytém voze kníže pán „ 71

Scene: Zum Zeichen unsrer wahren Lieb' und Treu'
Na důkaz věrnosti i lásky k vám „ 79

Arie: Wer kann's mit Worten sagen auch
Kdo jest, jenž slovy vypoví „ 91

Scene und Terzett: Sieh ihn! nur muthig vorwärts!
Tu jest! jen přistup blíže! „ 95

Finale: Ei, schöne Sachen hab' ich da gesehn
Aj, pěkné věci jsem tu viděla! „ 109

Quartett: Kaum endet heut die Festlichkeit
Až skončí dnes ten slavný ples „ 127

II. Akt.
Jednání II.

Chor: Seht den Maibaum hier
Stojí, stojí máj „ 142

Chor: Tanzet und drehet euch
Do tance vesele „ 155

Ensemble: Könnt ich die Stunden doch zwingen zu eilen
Kéž mi již zavítá blažená chvíle „ 164

Duett: Scheiden müssen wir, o Theure
Rozlučme se, drahá „ 188

Scene: Hurtig, Jörge, Hans und Steffen!
Honem, Honzo, Vojto, Vašku! „ 202

Terzett: Bin Reginen ähnlich ungeheuer
Nevypadámli, jak Bětulinka „ 205

Finale: Hurtig, hurtig, lass das Träumen
Zhurta, zhurta, hochu milý „ 214

Der Bauer ein Schelm.

Komische Oper in zwei Akten.
(Text von J. O. VESELÝ.)

ŠELMA SEDLÁK.

Komická opera ve dvou jednáních.

Ouvertüre.

pp poco a poco ritard.
in tempo
Più mosso.
p
Ped.
p
Ped.
Ped.
Ped.
Ped.
ritardando
Tempo I. (♪ = 80.)
p
Un poco meno mosso.
dimin.
pp
Più mosso.
f

8
dimin.
pp
mf
dimin.
Allegro.
p
p
poco a poco cresc.

ritard.
dim.
a tempo
pp
fp
fp
fp
ff
ff
ritard.
dim.
pp

Andante con moto.
pp
un poco marc.
legato sempre
dim.
pp
pp

pp
ritardando
morendo
a tempo
poco a poco cresc.
f
dimin.
p

Allegro.
p
cresc.
f
ff
fp
dim.
pp
legato
poco a poco cresc.

f
p
8
8
8
p
fz
fz
fz
fz
fz
fz
fz
fz
fz
f

f
legato sempre
dimin.
p
cresc.
8
f
p
f
dimin.
p
dimin.
pp

cresc.
f
cresc.
ff ritard.
Maestoso.
ff grandioso
marcatissimo sempre
Allegro.
pp
poco a poco cresc.
fz

ff
sffz
marcato sempre
8
8
Ped.

I. Akt.

Jednání I.

(Der Schlossgarten. Rechts eine Laube, links eine Sitzbank. Im Hintergrunde von Bäumen umgeben das Schlossgebäude.)
(Zahrada v knížecím zámku. V pravo besídka, v levo sedátko. V pozadí je vidět nádhernou budovu zámeckou.)

I. Auftritt. Regina und Mädchenchor.
Výstup I. Bětuška a sbor dívek.

mf
fz
fz
fz
dimin.
pp
cresc.
f
fp
pp
fp
p
Ped.
Ped.
f
p

Sop. Früh-lings-luft fä-chelt schon Flu-ren und Wald, Ju-bel-sang,
Za-ví-tal do kra-je, za-ví-tal máj, a zpě-vem

Alt. Ju-bel-sang und
a zpě-vem o-

fro-he Lust, rings wie-der-hallt, Ja, al-les preist den Mai, den schö-nen,
o-zý-vá se luh i háj; a ku-dy on svou no-hou krá-čí,

fro-he Lust
zý-vá

cresc.

voll Lie-bes-lust und Seh-nen, voll Lie-bes-
tam vš-u-dy zně-jí pís-ně, tam vš-u-dy

voll Lie-bes-lust und Seh-nen,
tam vš-u-dy zně-jí pís-ně,

lust, und Lie-bes-seh-nen.
zně-jí pís-ně pta-čí.

lust, voll Lie-bes-lust und Lie-bes-seh-nen.
zně-jí pís-ně zně-jí pís-ně pta-čí.

dimin.

L'istesso tempo.
Hold ist der Mai, voll süsser Trie - be, Blu - men bringt er und zar - te
Za - vi - tal máj, máj pl - ný krá - sy, s nim za - ví - ta - ly lá - sky
Hold ist der Mai, voll sü - sser Trie -
Za - vi - tal máj, máj pl - ný krá -
L'istesso tempo.
Lie - be. Hold ist der Mai, voll süsser Trie - be, Blu - men
ča - sy; za - vi - tal máj, máj pl - ný krá - sy, s nim za -
be;
sy;
poco rallent.
bringt er, ja, Blu - men bringt er und zar - te Lie - be.
vi - ta - ly, s nim za - vi - ta - ly lá - sky ča - sy.
poco rallent.
p dim.
Tempo I.
Früh - lingsluft fä - chelt schon Flu - ren und Wald, Ju - bel - sang,
Za - vi - tal do kra - je, za - ví - tal máj, a zpě - vem
Tempo I.

fro - he Lust tö - net rings in Flur und Wald. Hold ist der
o - zý - vá, o - zý - vá se luh i háj. Za - ví - tal
Mai, hold ist der Mai, voll sü - sser Trie - be,
máj, za - ví - tal máj, máj plný krá - sy,
Blu - men bringt er und zar - te, zar - te Lie - be.
s ním za - ví - ta - ly lá - sky, lá - sky ča - sy.
bringt neue Blu - men, neu - e Lie - be.
s ním za - ví - ta - ly lá - sky ča - sy.
Regina. (schmerzlich.)
Bětuška. (bolestně.)
Hold ist der Mai, er bie - tet uns Lie - be dar mein ar - mes Herz nur
Za - ví - tal máj, a vše - cko k lá - sce bu - di, jen srd - ce mé se

füh - let Kum - mer für - wahr, mein ar - mes Herz nur füh - let
z lá - sky bol - - ně tru - dí, jen srd - ce mé se z lá - sky

f

Kum - - - - mer für - wahr! ___
bol - - - - ně tru - dí! ___

Sopr.
Chor.
Lass doch bei
Jen ty se
Alt.

p

Sei - te Kummer und Schmerz; einst wird vor Lie - be ju - beln dein Herz.
ne - truď, Bě - to dra - há; i vám snad zkve - te lá - - ska bla - há!

f

Meno mosso.

Reg. Bět.

rit.

Nein, nim - mer - mehr, das fühl' ich lei - der, nein, nim - mer - mehr, das fühl' ich lei - -
Ne, ne - zkve - te, to bol - ně tu - ším, ne, ne - zkve - te, to bol - ně tu - -

fp

rit.

in tempo
der!
šim!
Sopr.
Chor.
Alt.
Weisst ja, dass heut' noch der Graf sich ein-fin - det, Trost wird er brin-gen. Ruhe euren
Vždyt' při-jde dnes náš mi-lo-sti-vý kní - že, on ji-stě klid dá va-šim
eu-ren
p in tempo
See-len, wenn er er-fährt, dass Lie-be, dass Lie - - - be eu-re
du-šim, až zví, že lá-ska va-še, že lá - - - - ska va-še
p
dimin.
pp
(Die Mädchen drücken eine nach der anderen Reginen die Hand und gehen ab.)
(Dívky tisknou Bětušce jedna po druhé ruku a odcházejí.)
Her-zen bin - - det.
srd-ce ví - - - že.
pp
f
ff
Ped.

II. Auftritt. Regina und Gottlieb.
Výstup II. Bětuška a Jeník.

Gottlieb.
Jeník.
Va-ter hält zu-rück mich bloss.
ot-ce, on ti ne pře-je.
O, wer-de nur nicht völ-lig
O, je-nom ne-spusť ty se
hoff-nungs-los!
na-dě-je!
Allegro scherzando.
Reg. Bět.
Kummer nur schafft uns die Lie-be,
Vždy-cky jsem ti ří-ká-va-la,
f
pp
pp
con Pedal
sagt' ich immer so wie heut', uns'rer Her-zen zar-te Triebe bringen uns nur Schmerz und Leid;
že jsme sa-mé ne-ště-stí, že to na-še mi-lo-vá-ní je tak pl-no bo-le-stí;
doch du glaubtest nie da-ran, doch du glaubtest nie da-ran!
ty's mi a-le ne-vě-řil, ty's mi a-le ne-vě-řil!
Ach, ich hab's, mein lie-ber Gott-lieb,
Ach, vždyť já to, můj Je-níč-ku,
mf
p

doch ge-ahnt mit kla-rem Blick nun ist's viel zu spät in-des-sen, nun ist's viel zu
pře-ce je-nom tu-ši-la; teď je a-le tu-ze po-zdě, teď je a-le
spät in-des-sen, ab-zu-wen-den dies Ge-schick, ab-zu-wen-den
tu-ze po-zdě, bych to zlo od-vrá-ti-la, bych to zlo
pp
dies Ge-schick!
od-vrá-ti-la!
ritard.
ritard.
a tempo
Kum-mer nur schafft uns die Lie-be, sagt' ich im-mer, so wie heut, uns-rer Her-zen
Vždy-cky jsem ti ři-ka-va-la že jsme sa-mé ne-ště-stí, že to na-še
pp a tempo
zar-te Trie-be brin-gen uns nur Schmerz und Leid; doch du glaubtest nie da-ran,
mi-lo-vá-ní je tak pl-no bo-le-stí; tyś mi a-le ne-vě-řil,
cresc.

doch du glaubtest nie da-ran! Ach, ich hab's, mein
ty's mi a-le ne-vě-řil, ach, vždyt' já to,
dimin.
p cresc.
lieber Gottlieb, doch geahnt mit kla-rem Blick, ach,
můj Je-níč-ku, pře-ce je nom tu-ši-la, ach,
ge-ahnt mit kla-rem Blick,
vždyt' já to tu-ši-la,
ja mit kla-rem Blick, doch nie glaub-test du
já to tu-ši-la, ó, proč jsi mi ne-vě-
da-ran!
řil!
(Stürzt weinend Gottlieb in die Arme.)
(Vrhne se s pláčem Jeníkovi do objetí.)

Gottlieb
Jeník.
Reg.
Bět.
Was ist ge-sche-hen? o, sprich! Weisst du nicht, was der Va-ter zur Be-
Ach, co se sta-lo? již mluv! Ty ne-víš, že pan-tá-ta
p
legato sempre
din-gung stellt voraus? Gold soll der Frei-er ha-ben und da-zu ein ei-gen
chce, a-by že-nich můj měl pl-né truh-ly zla-ta a k to-mu sta-tek.
dim.
Haus! Ja, Tag und Nacht martert mich der Va-ter, dass ich
svůj? a pantá-ta po-řád na to kon-kå, chce,
pp
pp
Gottlieb
Jeník.
Konrad soll er wäh-len. Nein, nein, thu's nicht, o Lieb-chen
a-bych do-sta-la Vác-la-va. Ne, ne, to ne-smí ni-kdy
f
Reg
Bet
ritard.
a tempo
mein! Ich will ja auch sein Weib, sein Weib nicht sein!
být! Vždyť já ho ta-ké ne-chci, ne-chci mít!
Quasi Recit.
pp
ritard.
a tempo
p
cresc.

Du bist, Theu - rer, der Ab - gott mei - ner See - le nur, Ge - lieb - ter, Ge -
Vždyť jsi o - de mne vrouc - ně, vrouc - ně mi - lo - ván, ty's lá - ska, ty's
f
dimin.
ritard.
(Sie umarmen einander)
(Obejmou se)
pp
lieb - ter, die gilt al - lein all mei - ne Lie - - - - - be!
lá - ska, ty's lá - ska má, ty's mo - je tou - - - - - ha!
ritard.
p
dim.
pp
a tempo
Reg. Bět.
Jun - ge Herzen voll Ban - gen, die ruhn in un - ser Brust, wie hol - de
Ach, ta mla - dá sr - dé - čka, co má - me v ňa - drech svých, jak ho - lub,
Gottlieb. Jeník.
Jun - ge Herzen voll Ban - gen, die ruhn in un - ser Brust, wie hol - de
Ach, ta mla - dá sr - dé - čka, co má - me v ňa - drech svých, jak ho - lub,
a tempo
p
zar - te Täubchen lieb um - fan - gen. Ei - nen Kuss in Eh - ren,
ho - lu - bič - ka tam na - vět - vich. Když se rá - di má - me,
zar - te Täubchen lieb um - fan - gen. Ei - nen Kuss in Eh - ren,
ho - lu - bič - ka tam na - vět - vich. Když se rá - di má - me,

nie-mand kann ver-weh-ren, ein Lie-bes-kuss ist sünd-haft nicht,
hu-bič-ku si dá-me, hu-bič-ka z lá-sky ne-ní hřich,
nie-mand kann ver-weh-ren, ein Lie-bes-kuss ist sünd-haft nicht,
hu-bič-ku si dá-me, hu-bič-ka z lá-sky ne-ní hřich,
f
p
Gott selbst prägt uns die Lie-be ein,
vždyť pán bůh nám tu lá-sku dal,
Gott selbst prägt die Lie-be, Gott selbst prägt uns die Lie-be ein, und
vždyť pán bůh nám tu lá-sku, vždyť pán bůh nám tu lá-sku dal, a
p
cresc.
f
und Lie-be oh-ne Kuss ist ar-ge Pein!
a lá-ska bez hu-bič-ky pou-hý žal!
Lie-be oh-ne Kuss ist ar-ge Pein!
lá-ska bez hu-bič-ky pou-hý žal!
p

(Umarmung)
(obejmou se)
p
Wä - re uns'rer heissen Lieb hie - nie - den
O kéž na - še vrou - cí mi - lo - vá - ní
Wä - re uns'rer heissen Lieb hie - nie - den
O kéž na - še vrou - cí mi - lo - vá - ní
pp
ew'-ge Dau - er doch be - schie - den, mö - ge e - wig dauern
věč - né tr - vá, do sko - ná - ní, věč - né tr - vá, věč - ně,
ritard.
dimin.
sie hie - nie - den!
do sko - ná - ní.
ff
marc.
8255

Reg. Bět
Nun fort, denn Leu-te kommen her, dort ist mein Va-ter auch und Er!
Je-níč-ku, pryč, jde cha-sa sem, a-tam můj o-tec s Vác-la-vem!
Gottlieb. Jeník
Leb wohl
Nuž, sbo-
denn, leb wohl denn, Lieb-chen mein!
hem, nuž, sbo-hem, Bě-tuš-ko!
(Er umarmt sie und eilt fort)
(Obejme ji a odběhne)
Im Hintergrunde erscheint Martin, Gertrude, Konrad. Martin schaut Gottlieb zürnend nach.
(V pozadí vystoupí Martin, Veruna a Václav. Martin rozhněván pohlíží za Jeníkem.)

III. Auftritt. Regina, Gertrude, Konrad, Martin.

Výstup III. Bětuška, Veruna, Václav, Martin.

Un poco meno mosso.

Reg. (flehend)
Bět. (plačky)
's wird wohl ei - ne Hochzeit d'raus. Ach, mein Va - - ter, thät' es euch zu Lieb' wohl gern;
chce si tě vzít za že - nu. Ach, pan - tá - to, ne čiň - te mě ne - šťast - nou;
mf
pp
doch nur Gott - lieb kann als Weib ich an - ge - hö - - - - - - - - ren.
Je - niě - - ko - vi slí - bi - la jsem lá - sku svou
Martin.
Sag's dir immer doch von Neuem, noch einmal, dies duld' ich nicht.
Pravím ti to na - po - sledy, že to tr - pět ne - bu - du.
p
cresc.
Fort soll mir der Bösewicht, sonst dürft' es ihn noch ge - reuen! Ja, fort mit ihm, mit dem Bö - sewicht,
Sám vy - že - nu pobu - du! On by si k nám chodit zvykal! Sám vy - že - nu to - ho po - bu - du,
f
f

Rog.
Bět.

Ach, mein Va - ter, ach, mein
Ach, pan - tá - to, ach pan -

Ger. Ver.

sonst dürft es ihn noch ge - reu - en! Ach, Herr Va - - ter,
on by si k nám cho - dit zvy - kal! Ach, pan - tá - - to,

f *p*

Ped. Ped. Ped.

Va - ter, macht Eu - er Kind, macht Eu - er Kind nicht un - glück - lich!
tá - to, ne - čiň - te mne, ne - čiň - te mne ne - šťast - nou!

ach, Herr Va - ter, macht doch Eu - er Kind nicht un - glück - lich!
ach, pan - tá - to, ne - čiň - te ji ach, ne - šťast - nou!

dimin. *legato*

Ped. Ped. Ped. Ped.

ritard.

ritard.

cresc. *f*

Ped. Ped. Ped.

36
Moderato.
Konrad.
Václav.
Lass dir doch, mein lie-bes Mäd-chen, lass dir doch nur ein-mal sa-gen:
Ne-dej ty se, má pa-nen-ko, ne-dej ty se dlou-ho pro-sit;
pp
werde mein, ich will zeit-le-bens dich mein Weib-chen, auf den Händen tra-gen.
mou-li bu-deš, má dí-ven-ko, na ru-kou, na rukou tě bu-du no-sit.
p
Reg. Bět.
Al-les dies ist schön und präch-tig,
Vše-cko to je vel-mi mno-ho,
Ger. (bei Seite)
Ver. (stranou)
Grö-ssern Werth hat wah-re Lie-be
Pra-vá lá-ska vá-ží vi-ce,
Konrad.
Václav.
Ei-ne schön be-mal-te Tru-he,
Tru-hlu hez-ky ma-lo-va-nou,
Martin.
Reif er-wäg' es, lie-be Toch-ter, mer-ke wohl, was ich dir sa-ge,
Roz-važ si to pře-ce, Bě-to, že má Vác-lav vel-ký sta-tek,
8255

al - les wahr - - - lich zum Ent - zü - - cken,
vše - cko vel - - - mi vel - mi krás - - ne,
mehr als Reich - thum, wie ihr wäh - - net,
než - - - li, než - - li sta - - tek, sta - tek vě - na,
Sammt und Sei - den - bän - der, auch ein neu - es Sonn - tags - häub - chen,
a s ní krásný šá - tek, suk - ni hez - ky vy - ší - va - nou,
kannst ja dann ein Le - ben führen vol - ler Fest und Fei - er - ta - ge,
roz - važ, ja - ké ště - stí je to, ka - ždý den ti bu - de svá - tek,
ja ich muss, ja ich muss es auch be - wun - dern
že až zrak, že až zrak pře - chá - zí z to - ho,
sie ge - wäh - ret tau - send Sü - ssig - kei - ten
dá - - vá sla - sti, sla - - sti na ti - sí - ce,
al - les sei ge - währt,
vše - cko mů - žeš mít,
al - - les kannst du ha - ben dann, nimmst du ihn zum Mann,
vše - - cko, vše - cko mů - žeš mít, jen ho mu - síš chtít,
𝔓𝔢𝔡.
f

mit er - stau - - ten, mit er - staun - - ten Bli - - - cken.
že až člo - - věk, že až člo - - - věk ža - - - sne.
die sich je - - des Weib er - seh - - - net.
po nichž tou - - ží ka - - - ždá že - - - na.
was dein Herz nur, was dein Herz be - gehrt.
co jen bu - deš, co jen bu - deš chtít.
al - les in der Welt kannst du ha - - - ben dann, wählst du Kon - rad dir zum
všecko můžeš mít, vše - cko mů - - - žeš mít, jen ho, jen ho mu - siš
dimin.
p
Ped.
Al - les dies ist schön und prächtig, al - les zum Ent - zü - - - - - - cken,
Všecko je to vel - mi mno - ho, všecko vel - mi krás - - - - - - - né,
Grösser'n Werth hat wahre Lie - be, wahre Lie - be,
Pra - vá lá - ska, pravá lá - ska vá - ží vi - ce
Mann.
chtít.
pp
secco

ja ich, ja ich muss es auch bewundern mit er-staunten
že až, že až zrak pře-chá-zí z to-ho, že až člo-věk
mehr als Reich - thum,
než - li ce - lý
Ei-ne schön be-malte Tru-he, Sammt und Seiden-bän -
Truhlu hez-ky ma-lo-vanou a s ní hezký šá-
Bli - cken; al - les dies
žas - ne; vše - cko to
wie ihr wäh-net, mehr als Reich-thum, wie ihr wähnet,
než-li ce-lý sta-tek, než-li ce-lý sta-tek vě-na,
der, auch ein neu-es Sonn-tagshäubchen,
tek, suk-ni he-zky vy-ši-va-nou,
Reif er-wäg es, lie-be Tochter, al-les hast du dann, nimmst du ihn zum
Roz-važ, ja-ké ště-stí je to, vše-cko mů-žeš mit, jen ho mu-siš
cresc.

lässt sich sehn, al - - - - - - les
je krás - - né, že až
sie gewährt ja all' die tausend Süs-sig-kei-ten, die doch je - - - des
dá-vá sla-stí na ti-sí-ce, dá-vá sla-stí, po - nichž tou - - - ží
pracht-vol - le Ge - wän - - der, al-les sei ge-
ša - ty z jem - ných lá - - tek, všecko můžeš
Mann, kannst ein schönes Le-ben füh-ren, al-les hast du dann,
chtít, ka - ždý den ti bu-de svá-tek, vše-cko můžeš mít,
sf
Ped.
ist ja wun - - - - - - der - - -
člo - - - - - - věk ža - - - - - - - - - -
Weib er - schei - - net, je - des Weib er - - -
ka - ždá že - - na, po nichž tou - - ží
währt, was dein Herz be - gehrt, al-les sei ge-
mít, co jen bu-deš chtít, všecko můžeš
nimmst du Konrad, Konrad dir zum Mann, al-les, al-les kannst du ha-ben dann,
jen ho musíš, jen ho musíš chtít, všecko můžeš, vše - cko můžeš mít,
dimin. sempre
Ped.
Ped.

schön, al - - - - - - les
sne, vše - - - - - cko
seh - - - - - - - - - - net, die doch je-des Weib er-seh-net,
že - - - - - - - - - - na, po nichž tou-ží ka-ždá že-na,
währt, was dein
mít, co jen
wählst du Konrad, wählst du Konrad, wählst du ihn zum Mann.
jen ho mu-siš, jen ho mu-siš, jen ho mu-siš chtít
pp
Ped.
dies ist wahr - lich, wahr - lich
je to vše - cko je to
die doch je-des, die doch je-des Weib er-seh-net. A - - - - - - mor
po nichž tou-ží, po nichž tou-ží ka-ždá že-na. Lá - - - - - - ska,
Herz be - - gehrt,
bu - - - - - - deš chtít,
Reif er-wäg' es, lie-be Toch-ter,
Roz-važ si to pře-ce, Běto,
pp
Ped.

zum Ent-zü-cken, ja, ich muss es
vel-mi krás-né, že až zrak pře-
lä-chelt uns so hold auch
ta je bo-ha-ta i
al-les sei ge-währt,
vše-cko mů-žeš mít,
mer-ke wohl, was ich dir sa-ge, kannst ja dann ein Le-ben füh-ren
že má Vác-lav vel-ký sta-tek, roz-važ ja-ké ště-stí je to,

auch be-wun-dern, glau-bet
chá-zí z to-ho, že až,
oh-ne Gold.
bez zla-ta.
al-les, al-les sei gewährt, was dein Herz nur, was dein Herz begehrt,
vše-cko, všecko můžeš mít, co jen bu-deš, co jen bu-deš chtít,
vol-ler Fest- und Fei-er-ta-ge, al-les kannst du ha-ben
ka-ždý den ti bu-de svá-tek, vše-cko, vše-cko mů-žeš
pp

mir, mit er - staun - ten Bli - cken. Doch mein lie - ber
že až člo - věk ža - sne. Přec to ne - ní
A - mor, A - mor lächelt uns so hold
Lá - ska, lá - ska, ta je bo - ha - ta,
al - les theu're, al - les theu're, al - les theu're, al - les sei gewährt,
všecko můžeš, všecko můžeš, všecko můžeš, všecko můžeš mít,
dann, nimmst du ihn zum Mann,
mít, jen ho mu - síš chtít,
Herr, reicht's nicht hin noch her, denn, mein gu - ter
nic, je - nik dá - vá víc, přec to ne - ní
oh - ne Gold, A - mor lächelt uns so hold
i bez zla - ta, lá - ska, ta je bo - ha - ta,
was dein Herz nur, was dein Herz begehrt,
co jen bu - deš, co jen bu - deš chtít,
nimmst du ihn zum Mann,
jen ho mu - síš chtít,

ritard.
a tempo
Herr, Gottlieb bietet mehr.
nic, Jenik dává víc,
pp
oh - ne Gold, auch oh-ne Gold, auch oh-ne Gold,
i bez zla - - ta, i bez zlata, i bez zlata,
pp
al - les theu - - re, al - les theu - - re, sei gewährt,
vše - cko mu - - žeš, vše - cko mu - - žeš, vše - cko mít,
pp
alles hast du dann, wählst du Kon - - - rad,
všecko můžeš mít, jen ho mu - - - síš,
ritard.
a tempo
pp
Gott - lieb bie - tet, Gott - lieb bie - tet mehr,
Je - nik dá - vá, Je - nik dá - vá víc,
A - mor lächelt uns so hold, A - mor lächelt uns so hold auch oh-ne Gold,
lá - ska, ta je bo - ha - ta, lá - ska, ta je bo - ha - ta i bez zla - ta,
al - les, al - les sei ge - währt, was dein Herz be - gehrt,
vše-cko mů-žeš, mů - - žeš mít, co jen bu - - deš chtít,
Kon - - - rad dir zum Mann,
jen ho mu - - - síš chtít,
fz
fz
dimin. sempre
8255

ja, viel mehr!
dá - vá víc!
auch ohne Gold, ja, auch oh - - ne Gold.
i bez zla-ta, i bez zla - - - - ta.
sei ge - währt.
bu - deš chtít.
wählst du Konrad dir zum Mann.
jen bo ma-siš, ma-siš chtít.
pp
Allegro molto.
Martin.
Nun, willst du gehorchen mir?
Nu, te - dy poslechneš?
Reg. (flehend)
Bět. (prosebně)
Ach, Vater, nein, nein, nein,
Pantá-to, ne, ne, ne,
f
mf
nimmermehr, ach, lieber will ich tragen Leid und Schmerz, zu To-de quälen, ach, mein
ne-mo-hu; ach, spí-še, u - bo-há, se u - to - pím, se o-trávím, a-neb se

Andante.
Tempo I.
Martin.
armes Herz, als brechen meinen Eid dem Gelieb - ten!
o - bě-sím, než bych Je-níč-ko-vi se sta - la ne-věr - nou!
Dein
Je
pp
p
letz-tes Wort soll dieses sein? Mädchen, scherze nicht!
po-slední to tvo-je slo - vo? Běto, ne-žer-tuj!
Reg. Bět.
O Va - ter, schlaget mich, ach, tödtet mich, doch ver-lan - get nicht, dass ich ver-
Pan - tá - to, bij - te mě, ach, zab-te mě, však ne - žá - dej - te, a - bych
ra - then soll, dass ich ver - ra - then soll den Aus - er - wähl - ten!
zra - di - la, a-bych zra - di - la Je - níč - ka své - ho,
Martin.
Nun gut, nun gut,
Do-brá, do-brá,
ad lib.
nun gut, geh' du nur zu ihm, geh' du nur zu ihm, geh' du nur zu ihm
do-brá, jdi si te-dy k němu, jdi si te-dy k němu, jdi si te-dy k němu,
colla parte

Allegro vivace.
Ja, zu ihm, der treu und bieder, ei - le hin, keh - re nie zum Va - ter wieder,
do - brá, jdi si te - dy k němu, ne - zbedná, víc se nevrat' k ot - ci svému,
Frev - le - rin! Reu - e - voll magst hier da rin - gen, ru - helos,
še - redná; však tě ža - lost stih - ne, dí - tě ne - jedna,
mag ein Abgrund dich verschlingen bo - denlos! Geh zu ihm, der treu und bieder,
až pak propast' po - hl - tí tě be - zedná. Dobrá, jdi si te - dy k němu,
keh - re nie zum Va - ter wie - der, keh - re nie zum Va - ter wie - der!
víc se ne - vrat' k ot - ci své - mu, víc se ne - vrat' k ot - ci své - mu!
Nun so ei - le, nun so ei - le, nun so ei - le hin zu ihm,
Dobrá, jdi si, jdi si tedy, jdi si tedy, ne - zbed - ná,
cre - scen - do

kehre nimmer, kehre nimmer, nimmer wieder! Eile denn zu
víc se nevrať, víc se nevrať, k ot-ci svému, Dobrá, jdi si
fp
fp
Meno mosso.
ihm, der so treu und bieder, eil' zu ihm, der treu und bieder, treu und bieder,
te-dy, jdi si te-dy k němu, dobrá, jdi si te-dy k němu, jdi si te-dy,
fp
fp
Meno mosso.
fp
in tempo
kehre nie zum Vater wieder, Frevle-rin! All' die Wider-
víc se nevrať k ot-ci svému, šered-ná! A ty mr-zu-
in tempo
p
wärtigkei-ten, all' die schweren Leiden, Ar-beit und bitt're Noth, schlaf-los und
to-sti, a ten ná-řek, pláč a zlo-sti, bi-da a tram-po-ty, dře-ní a
poco
oh-ne Brot, womit das E-lend droht, werden bald dich beu-gen; all' die schweren
lo-po-ty, co ti pak na-sta-nou, ty u-ká-žou to-bě, a ty mr-zu-
p
pp poco

a poco rit.
Lei-den, Wi-derwärtig-kei-ten, werden nicht ver-feh-len, klar es dir zu zei-gen,
to-sti, ná-řek, pláč a zlo-sti, ty u-ká-žou to-bě, co je v na-ši do-bě
a poco rit.
ritard.
Lie-be sei pu-rer Wahn, man soll den nur wählen, der uns er-nähren kann!
lá-ska před vr-to-chem, Václav před tím hochem s bou-dou roz-tr-ha-nou!
ritard.
a tempo
Kannst zu ihm ja ei-len, kannst zu ihm ja ei-len, kannst zu ihm ja ei-len,
Do-brá, jdi si te-dy, jdi si te-dy k ně-mu, jdi si te-dy k ně-mu,
a tempo
ja, zu ihm, der treu und bieder, ei-le hin, keh-re nie zum Va-ter wieder,
do-brá, jdi si te-dy k němu, ne-zbedná, víc se nevrať k ot-ci svému,
Frev-lerin! Will zu Han-se dich nicht mehr sehn, schnür' dein Bündel,
še-redná! V do-mě však tě ne-chci mít, svaž si ranec,

kannst ja gehn, will zu Hause dich nicht mehr sehn, schnür' dein Bündel, schnür' dein Bündel,
můžeš jít, v domě však tě ne- - chci mít, svaž si ranec, svaž si ranec,
cre- - scen - do
f
schnür' dein Bündel, schnür' dein Bündel, kannst ja gehn, kannst ja gehn, will zu Haus' dich
svaž si ra-nec, svaž si ra-nec, mů - žeš jít, mů - žeš jít, v do-mě však tě
p dolce
nicht mehr sehn, schnür' dein Bündel, kannst ja gehn! Fürwahr,
ne-chci mít, svaž si ra-nec, mů - žeš jít, do-brá
mf
eil' zu ihm, der treu und bie-der, eil' zu ihm, der treu und bieder,
dobrá, jdi si te-dy k němu, dobrá, jdi si te-dy k němu,
f
p
fp
ritard.
keh-re nie zum Va-ter wie-der, keh-re nie zum Va-ter wie-der, nim-mer wie-der,
víc se ne-vrať k ot-ci svému, víc se ne-vrať k ot-ci své-mu, víc se ne-vrať,
ritard.

a tempo
Frevle-rin! Geh zu ihm, der bieder, kehr' zu
še-red-ná! jdi si te-dy k ně-ma, víc se
a tempo
p
mir nie wie- - der, ei-le hin, Frevlerin, ei-le hin, Frevle-rin, ei-le hin, ei-le hin!
ne- - vrať k ot- - - ci, nezbedná, šered-ná, nezbedná, še-redná, nezbedná, šeredná!
f
will zu Haus' dich nicht mehr sehn, schnür' dein Bündel,
v do-mě však tě ne-chci mít, svaž si ra-nec,
ff
colla parte
kannst ja gehn, schnür' dein Bündel, kannst ja gehn!
mů-žeš jít, svaž si ranec, mů- - - - -žeš jít!
f
ff
kannst ja, kannst ja
mů- - -žeš, mů- - -žeš

IV. Auftritt. Die Vorigen. Eine Schaar festlich gekleideter Mädchen.
Výstup IV. Předešlí. Vystoupí zástup dívek svátečně oděných.
Allegro.
Meno mosso.
(sinkt weinend Gertruden in die Arme.)
(vrhne se s pláčem Veruně do náručí.)
Reg. Bět.
gehn!
jít!
Ach, Gertrude!
Ach, Ve-ru-no!
Ger. Ver.
Bleib' ruhig, liebes Kind!
Nu, přestaň, Bětuš-ko!
ritard.
a tempo
p poco a poco
Festlich gekleidete Mädchen treten auf.
Vyjde zástup dívek, svátečně oblečených.
crescendo
dimin.
Poco allegro quasi tempo I.
(Reginen umringend.)
(obklopí Bětošku.)
Sopr.
Komm nur, komm doch lie-bes Schwesterchen, festlich kleide dich nun an!
CHOR. Pojď už, pojď už, na-še dě-več-ko, ob-lé-kat se svá-teč-ně
Alt.
Lass das Weinen,
Za-nech plá-če,
Poco allegro quasi tempo I.

Wann du ihn erblickst, sprichst du deinen Gruss,
Až ho u-vi-dís, hned ho zastavíš,

stil- - le deine Thränen, unser Graf naht schon heran.
za-nech na-ři-ká-ní, kní-že při-jde ko-nečně.

drückst auf sei-ne Hand demü-thig den Kuss. So wie du ihn siehst,
pěk- - ně u - ví - táš, pak se po-kloníš až ho u - vi-díš

So wie du ihn siehst, wird er schön ge-
Až ho u-vi - díš, hned ho za - sta-

Reg. (schmerzlich)
Bět. (bolestně)

Ich kann mit
Není mi

wird er schön ge-grüsst, gibst den Strauss ihm dann.
hez- - ky po-zdra-víš, ky-tič - ku mu dáš.

Recit.

grüsst, bie-test ar-tig dann ihm dein Sträusschen an.
víš, pě-kně u-ví-táš, ky-tič - ku mu dáš.

Quasi Recit.

euch nicht erfreu- - en mein ar-mes Herz, denn ich fühle hier im Bu-sen nur Leid
do ve- - se-lo-sti, při-tel-ky; u - bo-hé mé srd - ce ho-stí žal

ritard. in tempo
und Schmerz.
vel ký.
Sopr.
Komm mit uns nur, zei-ge ei-ne heit're Mie-ne,
Pojď jen s ná-mi kní-že bu-de tu hned-lin-ko,
Alt.
Komm, Re-gi-ne,
Bě-tu-lin-ko
ritard. in tempo
pp
bald kommt un-ser Graf, sei nur klug und brav.
pojď ho u-ví-tat pozdra ve-ní dát.
bald kommt un-ser Graf, sei nur klug und brav.
pojď ho u-ví-tat, pozdra ve-ní dát.
Moderato.
Wie viel Rosen, so viel Mädchen sind im Schloss hier und im Städtchen, ih-re Arbeit
Ko-lik růži na ky-ti-ci, to-lik ho-lek na ves-ni-ci že ty rů-že
Wie viel Rosen, so viel Mädchen sind im Schloss hier und im Städtchen, ih-re
Ko-lik růži na ky-ti-ci, to-lik ho-lek na ves-ni-ci že ty
Moderato.
p
mf
8255

ist der Strauss, d'rum fiel er so prächtig aus; wie viel Rosen, so viel Mädchen
tr-ha-lo, kyt-ku je-mu svá-za-lo; ko-lik růží na ky-ti-ci,
Ar-beit ist der Strauss, da-rum fiel er,
rů-že tr-ha-lo, kyt-ku je-mu,
cresc.
sind im Schloss hier und im Städtchen, ih-re Arbeit ist der Strauss, da-rum fiel
to-lik ho-lek na ves-ni-ci, že ty rů-že tr-ha-lo, kyt-ku je-
fiel er auch so prächtig aus, ih-re Arbeit ist der Strauss, da-rum fiel
kytky je-mu száza-lo, že ty rů-že tr-ha-lo, kyt-ku je-
poco ritard. a tempo
so schön er aus.
mu svá-za-lo.
(Die Mädchen führen Reg. ab.)
(Dívky odvedou Bětušku.)
so schön er aus.
mu svá-za-lo.
poco ritard. a tempo
cresc.

V. Auftritt. Gertrude (im Versteck), Konrad, Martin.
Výstup V. Veruna, Václav, Martin.

Meno mosso quasi Allegretto.

Konrad, Václav.

Was nützt es, lie-ber Al-ter, bin reicher Gü-ter Hal-ter, doch dein Mädchen will mich nicht, doch dein Mädchen will mich nicht!
Co plat-no mi, pan-tá-to, že sta-tek, mám a zla-to, když o-na mne přec ne-chce, když o-na mne přec ne-chce?

Martin.

Sie will nicht, sie will nicht, ich lehr' sie ih-re Pflicht! fan-ge ich nur an zu grollen, fan-ge ich nur an zu grollen, dann wird sie schon dich wol-len.
Co ne-chce, co ne-chce, o-na mu-sí chtít, však ne-smí-me ji po o-lit, však ne-smí-me ji po-vo-lit, pak do-sta-nem ji leh-ce.

ritard. a tempo

Ger. (im Versteck)
Ver. (skrytá stranou)

Hier verweil' ich im Gebüsch, wie von un-ge-fähr, niemand kann es merken dann, niemand kann es
Skry-ju se já za kře-ví, a-ni ne-der-na; ti se to-ho ne-do-ví, ti se to-ho

ritard.
a tempo
(verbirgt sich in der Laube.)
(Skryje se do besídky.)
merken dann, dass ich al-les hör!
ne-do-ví, že je vy-slech-na.
Kon. Václ.
Nein, nein, nicht län-ger wart' ich itzt; es lacht ja schon das gan-ze Dorf,
Ne, ne, už ne-chci če-kat víc; vždyť smě-je se mi ce-lá ves,
sagt, ich wär' von deinem Töchterlein gar schmählich, schmählich ab-ge-blitzt.
že jsem si od va-ši dce-rušky ko-ší-ček hez-ký domu nes.
Und ich leid's nicht, um keinen Preis, und ich leid's nicht,
A já trpět ne-bu-du, a já tr-pět
cre-scen-do
um kei-nen Preis, dass der jun-ge Na-se-weis sie noch wei-ter küs-sen soll,
ne-bu-du, a-by to-ho po-bu-du a-by dá-le li-ba-la,

poco a poco ritard.
dass der jun - ge Na - seweis sie noch küs - sen soll!
a - by to - ho po - bu - da dá - le lí - ba - la!
poco a poco ritard.
p
pp
p
pp
Allegretto scherzando.
Martin.
Oh - ne Furcht, mein Junge, wah - re Herz und Zun - ge, werden ihn schon beugen,
Jen se ne - boj ho - chu, u - po - koj se tro - chu, však my ho skou - pá - me,
p
werden bald ihm zeigen, was wir sind, was wir sind, was wir sind, was wir sind, wir werden ihn schon
a vě - dět mu dá - me, oč jsme víc, oč jsme víc, oč jsme víc, oč jsme víc, však my ho skou -
beu - gen, werden bald ihm zei - gen, wer - den ihn schon beu - gen, werden bald ihm
pá - me a vě - dět mu dá - me, však my ho skou - pá - me, a vě - dět mu
mf
dim.
p
zei - gen, was wir sind, was wir sind, ha ha ha, was wir sind, ha ha ha ha ha
dá - me oč jsme víc, oč jsme víc, ha ha ha, oč jsme víc, ha ha ha ha ha

ha ha ha ha ha ha ha ha ha ha ha ha ha ha, wer-den ihn schon beugen,
ha ha ha ha ha ha ha ha ha ha ha ha ha ha, však my ho skou-pá-me,

ritard. a tempo

wer-den bald ihm zei-gen, zei-gen was wir sind! Sind wir doch all-be-kannt,
a vě-dět mu dá-me oč jsme, oč jsme víc! Jsme če-ští sed-lá-ci,

Konrad.
Václav.

Ha ha
Ha ha

Martin.

Haupthal-lo-dri's nur ge-nannt; sind wir doch all-be-kannt, wir von Gmünd,
vy-chy-tra-lí ptá-ci, jsme če-ští se-dlá-ci, z Doma-žlic,

cresc.

ha ha ha ha ha ha ha ha ha ha ha ha ha ha ha ha ha ha ha ha ha ha ha!
ha ha ha ha ha ha ha ha ha ha ha ha ha ha ha ha ha ha ha ha ha ha ha!

wir von Gmünd, ha ha ha ha ha ha ha ha ha ha ha ha ha ha ha ha ha!
z Do-ma-žlic, ha ha ha ha ha ha ha ha ha ha ha ha ha ha ha ha ha!

Sind wir doch all-bekannt, Haupthallo-dri's nur genannt; sind wir doch all-be-kannt,
Jsme če-ští se-dlá-ci, vy-chytra-lí ptá-ci; jsme če-ští se-dlá-ci,
Sind wir doch all-bekannt, Haupthallo-dri's nur genannt; sind wir doch all-be-kannt,
Jsme če-ští se-dlá-ci, vy-chytra-lí ptá-ci; jsme če-ští se-dlá-ci,
wir von Gmünd, ha ha ha ha ha ha ha ha ha
z Doma-žlic, ha ha ha ha ha ha ha ha ha
wir von Gmünd, wir von Gmünd, ja, aus jeder Rit-ze sprudeln hier die Wit-ze,
z Doma-žlic, z Doma-žlic, jsme češti sedlá-ci, vy-chytra-lí ptá-ci,
cresc.
ha! ja aus je-der Rit-ze sprudeln hier die Wit-ze, ja, aus je-der Rit-ze sprudeln
ha! ze všech na-šich ci-pu kou-ká pl-no vti-pu, ze všech na-šich ci-pu kou-ká
ja aus je-der Rit-ze sprudeln hier die Wit-ze, ja, wir,
ze všech na-šich ci-pu kou-ká pl-no vti-pu, vždyť jsme,

poco ritard.

hier die Wit-ze, ja, wir sind von Gmünd, ha ha ha ha ha ha ha!
pl-no vti-pu vždyť jsme z Doma-žlic, ha ha ha ha ha ha ha!

ja, wir sind von Gmünd, ja aus je-der Rit-ze sprudeln hier die gu-ten Wit-ze,
vždyť jsme z Do-ma-žlic, ze všech na-šich ci-pu kon-ká všu-de pl-no vti-pu.

poco ritard.

a tempo

ja, aus je-der Rit-ze sprudeln hier die Witze, denn wir sind von Gmünd, ha ha ha
ze všech na-šich ci-pu kon-ká pl-no vti-pu, vždyť jsme z Doma-žlic, ha ha ha

denn wir sind von Gmünd, ha ha ha ha! ja aus je-der Rit-ze
vždyť jsme z Doma-žlic, ha ha ha ha! ze všech na-šich ci-pa

a tempo

ha ha ha ha ha ha ha ha ha! denn wir sind von Gmünd,
ha ha ha ha ha ha ha ha ha vždyť jsme z Doma-žlic,

sprudeln hier die Wit-ze, denn wir sind von Gmünd, ha ha ha ha!
kon-ká pl-no vti-pu, vždyť jsme z Doma-žlic, ha ha ha ha!

tr *tr* *f*

ja, aus je-der Ritze sprudeln hier die Witze,
ze všech našich cí-pu kou-ká pl-no vti-pu,
denn wir sind von Gmünd, ja, aus je-der Rit-ze sprudeln hier die Wit-ze,
vždyť jsme z Doma-žlic, ze všech na-šich cí-pu kou-ká pl-no vti-pu,
ff
fp
fp
cre-
denn wir sind von Gmünd, denn wir sind von Gmünd, ha ha ha ha ha ha ha ha!
vždyť jsme z Domažlic, vždyť jsme z Domažlic, ha ha ha ha ha ha ha ha!
ja aus je-der Ritze sprudeln hier die Witze, denn wir sind von Gmünd, ha ha ha ha ha ha ha ha!
ze všech našich cí-pu kou-ká pl-no vti-pu, vždyť jsme z Domažlic, ha ha ha ha ha ha ha ha!
ritard.
a tempo
-scen-do
f
ff
Clar.
dim.
pp
(zeigt selbstbewusst auf sich selbst)
(ukáže sebevědomě na sebe)
Martin.
Kennst den Va-ter Krause? Wer soll da nicht la-chen? Ku-ri-o-se Sachen
Vi-děl's kmetra Cr-hu? Že-ně mý-dlo, sví-čky, dě-tem ňá-ké hříčky
p

bringt er stets nach Hau-se in der Mütz', in der Mütz', in der Mütz', in der Mütz'!
ne-se z mě-sta z tr-hu v če-pi-ci, v če-pi-ci, v če-pi-ci, v če-pi-ci!

Kennst den Va-ter Krause? Wer soll, wer soll da nicht la-chen? Ku-ri-o-se
Vi-děl's kmo-tra Cr-ha? že-ně mý-dlo, sví-čky, dě-tem há-ké

poco rit. *a tempo*

Sa-chen bringt er stets nach Hau-se, bringt er stets nach Hau-se in der Mütz',
hři-čky ne-se z mě-sta z tr-hu, ne-se z mě-sta z tr-hu v če-pi-ci,

p dimin. *p*

in der Mütz'! ha ha ha ha ha ha ha ha ha ha ha ha ha ha ha ha ha ha ha ha ha
v če-pi-ci! ha ha ha ha ha ha ha ha ha ha ha ha ha ha ha ha ha ha ha ha ha

f

rit. *poco riten.*

ha! Kennst den Va-ter Krause? Wer soll da nicht la-chen? Ku-ri-o-se Sa-chen
ha! Vi-děl's kmo-tra Cr-hu? že-ně mý-dlo, sví-čky, dě-tem há-ké hři-čky

f

a tempo
bringt er stets nach Hau-se in der Mütz! Sind wir doch all-be-kannt,
ne-se do-mu ztr-hu vře-pi-ci! Jsem če-ský se-dlá-ček,
a tempo
pp
p
Haupt-hal-lo-dri's nur ge-nannt; sind wir doch all-be-kannt,
vy-chy-tra-lý ptá-ček; jsem če-ský se-dlá-ček.
p
Konrad.
Václav.
Ha ha ha ha ha ha ha ha ha ha ha ha ha ha ha ha ha ha ha ha
Martin. Ha ha ha ha ha ha ha ha ha ha ha ha ha ha ha ha ha ha ha ha
wir von Gmünd, wir von Gmünd, ha ha ha ha ha ha ha ha ha ha ha
z Doma-žlic, z Do-ma-žlic, ha ha ha ha ha ha ha ha ha ha ha
f
ha ha ha ha ha! Sind wir doch all-be-kannt, Haupthal-lo-dri's
ha ha ha ha ha! Jsem če-ský se-dlá-ček, vy-chy-tra-lý
ha ha ha ha ha! Sind wir doch all-be-kannt, Haupthal-lo-dri's
ha ha ha ha ha! Jsem če-ský se-dlá-ček, vy-chy-tra-lý
p

nur genannt; sind wir doch all - be - kannt, wir von Gmünd, wir von
ptá - ček; jsem če - ský se - dlá - ček, z Doma - žlic, z Doma -
nur genannt; sind wir doch all - be - kannt, wir von Gmünd, wir von Gmünd,
ptá - ček; jsem če - ský se - dlá - ček, z Domažlic, z Domažlic,
Gmünd, ha ha ha ha ha ha ha! Ja aus je - der Rit - ze
žlic, ha ha ha ha ha ha ha! Ze všech na - šich ci - pu
ja aus je - der Rit - ze sprudeln hier die Wit - ze, ja aus je - der Rit - ze
jsem če - ský se - dlá - ček, vy - chy - tra - lý ptá - ček, ze všech na - šich ci - pu
cres - - - - - - do
fp
sprudeln hier die Witze, ja aus je - der Rit - ze sprudeln hier die Wit - ze, denn wir sind von
kou - ká pl - no vti - pu, ze všech na - šich ci - pu kou - ká pl - no vti - pu, vždyť jsme z Doma -
sprudeln hier die Witze, ja wir ja wir sind von
kou - ká pl - no vti - pu, vždyť jsme vždyť jsme z Do - ma -
p
fz

poco ritard.
a tempo
Gmünd, ha ha ha ha ha ha ha! ja aus je-der Rit-ze sprudeln
žlic, ha ha ha ha ha ha ha! ze všech našich cí-pů kou-ká
Gmünd, ja aus je-der Ritze sprudeln hier die gu-ten Wit-ze, ha ha ha
žlic, ze všech našich cí-pů kou-ká všu-de pl-no vti-pu, ha ha ha
poco ritard.
a tempo
hier die Wit-ze, denn wir sind von Gmünd, ha ha ha ha ha ha ha
pl-no vti-pu, vždyť jsme z Doma-žlic, ha ha ha ha ha ha ha
ha ha ha ha! ja aus je-der Rit-ze sprudeln hier die Wit-ze,
ha ha ha ha! ze všech na-šich ci-pů kou-ká pl-no vti-pu,
tr
tr
ha ha ha ha ha! denn wir sind von Gmünd!
ha ha ha ha ha! vždyť jsme z Doma-žlic!
denn wir sind von Gmünd, ha ha ha ha! denn wir sind von Gmünd!
vždyť jsme z Doma-žlic, ha ha ha ha! vždyť jsme z Doma-žlic!
tr
f
ff

ja aus je-der Rit-ze sprudeln hier die Witze, denn wir sind von Gmünd,
ze všech našich ci-pu kon-ká pl-no vti-pu, vždyť jsme z Doma-žlic,
ja aus je-der Rit-ze sprudeln hier die Wit-ze, ja aus je-der Ritze sprudeln
ze všech na-šich ci-pu kon-ká pl-no vti-pu, ze všech na-šich ci-pu kon-ká
fp
fp cre-
fz
scen
denn wir sind von Gmünd, ha ha ha ha ha ha ha ha!
vždyť jsme z Doma-žlic, ha ha ha ha ha ha ha ha!
hier die Wit-ze, denn wir sind von Gmünd, ha ha ha ha ha ha ha ha!
pl-no vti-pu, vždyť jsme z Doma-žlic, ha ha ha ha ha ha ha ha!
fz
do
ff
ff
fp
pp
Martin.
Mehr als Stärke, wie du siehst,
Ví-ce, než-li sil-ná pěsť,
pp

hilft uns hier ver-schlag'-ne List: stets ei-ne Lei-ter braucht er noch
po-mů-že nám chy-trá lest: po že-bří-ku se vždy do-
spät, wenn zu ihr er abendsfensterln geht;
bý-vá, když k ní ve-čer na frej cho-di-vá;
statt der Lei-ter stell' ich, welch ein Spass! ihm vor's Fenster
já ten že-břík a-le od-stra-ním, vel-ký sud pod
jetzt ein grosses Fass; leg' darauf ein un-ver-lässlich
ok-no po-sta-vím; roz-štíp-nu-té prk-no na sud
Bret, 's wird ein Hauptspass wer-den, du, ich wett'!
dám, švan-du u-krut-nou si u-dě-lám!
pp
pp

Konrad.
Václav.
Tritt er dann auf's Bretchen, schwer wie ein Klumpen, Klum - pen
A až vstoupne na to pr-kénko zrádné, Zrád - né
Martin.
mit Gekrach wird er dann in's Ess hinein plumpen!
s ve-li-kán-ským hřmo-tem na dýn - ko spadne!
Konrad (freudig).
Václav (radostně).
Plum - pen!
Spad - ne!
Martin.
Kommen dann her - aus wir mit dem Knüppel, schlagen windelweich ihn
Na to o - ba s klacky vy-běh-ne-me, a co budem mo-ci,
Konrad.
Václav.
Kom - men dann her - aus wir mit dem
A co bu-dem, bu - dem mo-ci,
Martin.
fast zum Krüppel, mit dem Knüppel, kom - men dann wir
na - tlu - če-me, na-tlu-če-me, a co bu - dem,

Knüp - pel, schlagen win - del - weich ihn, ja wir schlagen win - del - weich ihn,
na - tlu - če - me, na - tlu - če - me, na - tlu - če - me, na - tlu - če - me,
mit dem Knüp - pel, und wir schlagen win - del - weich ihn,
bu - dem mo - ci, na - tlu - če - me, na - tlu - če - me,
fast zum Krüp - pel, oh - ne Gnad'!
na - tlu - če - me zlo - dě - ji!
fast zum Krüp - pel, oh - ne Gnad'!
na - tlu - če - me zlo - dě - ji!
pp
pp
Gertrud (im Versteck).
Veruna (skryta).
poco a poco
Freut euch, Schelme, eu - ren Plan, den kühnen, auf der Stel - le
Jen se těš - te, já - vám ú - čty spie - tu, zpra - vím o všem
pp
poco a poco
ritenuto il tempo
Gott - lieb und Re - gi - nen ich verrath! (Schleicht weg.)
Je - ni - ka i Rě - tu po - zdě - ji! (Odejde.)
ritenuto il tempo

Rappen, vielbe_nei_ _ _ _det; vorn und hinten Die_ner, je zu zwein,
čty_ři ko_ně vra_ _ _ní; lo_ka_jo_vé v pře_du, v za_du dva,
Goldne Borten auf dem Hut, schön be_klei_ _det; warten wir ein we_nig noch,
zla_tý_ _mi por_ta_mi pre_mo_va_ _ní. Chví_li to se_čkejme

72
wie sich's ge_bührt, lie_be Ka_me_ra_ _den,
bringen wir ihm dann ein „Hoch";
kni_ že_te ví_tej_me,
jak se slu_ší, se vší u_cti_vo_ _stí,
wir bleiben hoch dann bei ihm in Gna_ _ _ _ _ _ _ _den, in
a_by nás ob_da_řil svou mi_ _ _ _ _ _ _ _ _ _lo_ _stí svou
(Der Mädchenchor eilt herbei, darunter Regine und Gertrude. Reg. hält einen Blumenstrauss, mit Bändern geschmückt.)
Gna_ _ _ _ _ _ _den.
(Přiběhnou dívky, mezi nimi též Bětuška a Veruna. Bětě má velkou kytku s fábory.)
mi_ _ _ _lo_ _ _ stí.
poco
a
poco
cresc.
al
ff
8255

VII. Auftritt. Chor.
Výstup VII. Sbor.

Sopr. L'istesso tempo.
Mädchenchor.
Alt. Sbor divek.
Edle Rosse sieht man schon von weiten!
A před ním dva páry bujných koní?
Seht ihr wohl den Herrschaftswagen dort?
Vidíte tam krytý kočárek?
L'istesso tempo.
Eilet, was ihr könnt!
Honem pospěšte!
Schnell zum Schulmeister eilet, was ihr könnt, man soll gleich mit allen
Honem ke kantoru honem pospěšte, ať už pro bůh všemi
eilet, eilet, was ihr könnt, eilet hin, eilet hin, was ihr könnt!
honem, honem, pospěšte, pospěšte, pospěšte, pospěšte!
(Einige von den Burschen ab.)
(Několik výrostků odběhne.)
Glocken läuten, eilet, eilet, man soll gleich mit allen Glocken läuten!
zvony zvoní, honem, honem, honem, ať už všemi zvony zvoní!
8255

Sopr.
Allegro scherzando.
(Es ertönen die Glocken.)
(Ozve se zvuk zvonu.)
Alt.
Ten.
pp
War_ten wir we_nig noch, brin_gen dann ihm ein „Hoch", wie sich's gebührt,
Bass.
My pak tu se_čkej_me, kní_že_te vi_tej_me jak se slu_ši,
War_ten wir we_nig noch,
My pak tu se_čkej_me,
Bringen dann ihm ein „Hoch",
Kni_že_te vi_tej_me,
Allegro scherzando.
p
fz
brin_gen dann ihm ein „Hoch", war_ten wir we_nig noch, brin_gen dann ihm ein „Hoch",
kni_že_te vi_tej_me,
My pak tu se_čkej_me, kni_že_te vi_tej_me,
ganz ma_nier_lich, re_spek_tir_lich,
jak se slu_ši, jak se slu_ši
ganz ma_nier_lich, war_ten wir we_nig noch, brin_gen dann ihm ein „Hoch",
jak se slu_ši, My pak tu se_čkej_me, kni_že_te vi_tej_me.
cresc.
war_ten wir we_nig noch, bringen dann ihm ein „Hoch", war_ten wir, bringen wir dann ihm ein
my pak tu se_čkej_me kni_že_te vi_tej_me, my pak tu se_čkej_me kni_že_te
lie_be Ka_me_ra_den, war_ten wir, bringen wir dann ihm ein
ve vši u_cti_vo_sti,
war_ten wir we_nig noch, bringen dann ihm ein „Hoch", my pak tu se_čkej_me kni_že_te
my pak tu se_čkej_me, kni_že_te vi_tej_me,

„Hoch," wie sich's ge-
vi - - - - - - - - - - tej - - - me, jak se
„Hoch," wie sich's ge-
vi - - - - - - - - - - - tej - - - me. jak se
bührt, lie - be Ka - me - ra-den, dass er be-wahret uns, dass er be-wahrt uns in
slu - ší ve vší u - cti - vo - sti a-by nás ob-da-řil, a-by nás ob-da-řil
bührt, lie - be Ka - me - ra-den, dass er be-wahret uns, dass er be-wahrt uns in
a-by nás ob-da-řil,
slu - ší ve vší u - cti - vo - sti a-by nás ob-da-řil
Gna - - - - - - - - - - - - - - den!
svou mi - - lo - - sti!
Gna - - - - - - - - - - - - - - den!
svou mi - - lo - - sti!

VIII. Auftritt.

Zwei Leibjäger treten auf, dann Jean und Bertha, hierauf der Graf mit der Gräfin und einige Diener, die im Hintergrunde stehen bleiben. Alle Männer entblössen ihre Häupter.

Výstup VIII.

Vyjdou dva myslivci, pak Jean s Bertou, skrze ně vstoupí kníže s kněžnou, za nimi několik lokaju, kteří zustanou v pozadí. Všichni mužští smeknou.

al_ler_we_gen, ja, wir wol_len Euch vereh_ren stets im Le_ben,
po_žeh_ná_ní; my vás chce_me stá_le ctí_ti do sko_ná_ní
al_ler_we_gen, ja, wir wol_len Euch vereh_ren stets im Le_ben,
po_žeh_ná_ní; my vás chce_me stá_le ctí_ti do sko_ná_ní
mf
sind wir doch Euch uns'rem Her_ren, treu er_ge_ben
věr_ný_mi vám bý_ti do sko_ná_ní.
sind wir doch Euch uns'rem Her_ren, treu er_ge_ben.
věr_ný_mi vám bý_ti do skoná_ní.
dim.
p
Un_ser Graf soll le_ben lan_ge Jah_re!
Ať náš kní_že ži_je dlou_há lé_ta!
Un_ser Graf soll le_ben lan_ge Jah_re!
Ať náš kní_že ži_je dlou_há lé_ta!
f
ff

Allegro.
Vi - vat, Vi - vat, un - ser Graf soll le - ben, lan - ge, lan - ge freudenvol - le
Slá - va, slá - va, at' náš kní - že ži - je, ži - je, dlou - há
Vi - vat, Vi - vat, un - ser Graf soll le - ben, lan - ge, lan - ge freudenvol - le
Slá - va, slá - va, at' náš kní - že ži - je, ži - je, dlou - há
Allegro.
Jah - re!
lé - ta! Vi - vat, vi - vat!
Slá - va, slá - va!
Jah - re! Hoch dem ed - len Paa - re, hoch dem ed - len Paa - re,
Jmé - no je - ho pře - čká pře - čká konec svě - ta,
lé - ta! Vi - vat!
Slá - va!
Vi - vat, vi - vat, vi - vat, vi - vat, vi -
Slá - va, slá - va, slá - va, slá - va, slá -
hoch dem ed - len Paa - re, hoch dem ed - len Paa - re, vi -
jmé - no je - ho pře - čká, pře - čká ko - nec svě - ta, slá -
hoch dem ed - len Paa - re, hoch dem ed - len Paa - re, vi -
jmé - no je - ho pře - čká, pře - čká ko - nec svě - ta, slá -
Vi - vat, vi - vat, vi -
Slá - va, slá - va, slá -

- vat, vi - - - vat, vi - - - - - - - vat!
- va, slá - - - va, slá - - - - - - - va!
- vat, vi - - - vat, vi - - - - - - - vat!
- va, slá - - - va, slá - - - - - - - va!
- vat, vi - - - vat, vi - - - - - - - vat!
- va, slá - - - va, slá - - - - - - - va!
- vat, vi - - - vat, vi - - - - - - - vat!
- va, slá - - - va, slá - - - - - - - va!
ff
ff
ff
marc.
Un poco meno mosso.
Regina (tritt schüchtern zum Grafen.)
Bětuška (přistoupí ostýchavě ke knížeti.)
Zum Zeichen
Na důkaz
p
p dolce
uns'rer wahren Lieb' und Treu' reichen Euch wir Mäd - chen die - sen Strauss,
věr - no - sti i lá - sky kvám tu ky - ti - ci my dívky svá - za - ly;

wollt mit der_selben Liebe neh_men ihn. wo_mit wir ban_den ihn für Euch.
stou láskou ji, Mi_losti, ve_změ_te, s níž my jsme vám ji vá_za_ly.
mf
dim.
(Der Graf nimmt den Strauss, und gerührt von Reginen's Schönheit, ruft er aus:)
(Kníže příjme kytici a dojat Bětuščinou krásou zvolá stranou:)
Graf.
Kníže.
Ach!
Ach!
Jean.
(bei Seite.)
(stranou)
Ach!
Ach!
p
p
Jean.
(bei Seite.)
(stranou)
Dies Kind ist wahr_lich wun_der_hold!
Ach, stvo_ře_ní to spa_ni_lé!
Graf. (bei Seite.)
Kníže. (stranou)
(Der Graf riecht an das Bouquet und überreicht es dann seinem Jäger.)
(Kníže voní ke kytici a podá ji pak myslivci.)
Wie ist sie lieb_lich und hold!
Ja_ké to děvče mi_lé!
Graf.
Kníže.
Glück wär's auf Er_den!
Chtěl bych ji mí_ti!
Jean.
Mein muss sie
Má mu_si

L'istesso tempo.
Jean.
wer - den!
bý - ti!
Graf.
Kníže.
Für eu'ren treuen Gruss nehmt unsern Dank, jetzt a-ber lasst uns al - lein!
Za u-ví-tá-ní své náš mějte dík, teď a-le o-pusťte nás!
L'istesso tempo.
Spä - ter-hin kommt dann auf
Po - zdě-ji na zá-mek
un - ser Schloss, ich will zur Abend - zeit ein Freu-den-fest berei-ten euch.
vraťte se, chci ve-se-lí a ra-do-ván-ky vy-strojit vám dnes.
Und sie, o theu-re Gat - tin, las-sen sich
Vy pak má vzá-cná cho - ti, do-vol-te,

nun hinauf zum Schloss von mir ge - leiten, die lange Fahrt hat sie ermüdet sehr,
bych sprovodil vás nyní na zámek: ta dlouhá ce - sta u - navi - la vás;
drum gönnen sie sich nun
dopřej - te od - po -
Gräfin. — Kněžna.
mehr die nö - - - - - thi - ge Er - ho - lung. Mit Ver - gnü - gen be - folg' ich
čin - ku mi - lé - - - - - ho svym ú - dům. Mile - rá - da poslechnu vyzvá - - ní
p
(Nach gegenseitiger Verbeugung geben der Graf mit der Gräfin Hand in Hand ab.)
Kníže a kněžna se sobě dvorně ukloní a odejdou, vedouce se.)
ih - ren Rath. Nun, gehen wir!
va - šeho. Nuž, pojď - me již!
Allegro agitato.
pp
p
(Jean nähert sich Reginen.)
(Jean se zatím přitulí k Bětušce.)
Jean. (für sich.)
Himmel! das schöne Kind! mach' ihm den Hof geschwind!
To krásné dě - věť - ko mým bu - de za krátko.
pp

(Will Reginen in die Wange kneifen.)
(Chce štípnout Bětušku do tváře.)
Bertha. (zornig)
Berta. (hněvivě)
Jean. (höhnisch)
Jean. (posměšně)
Jean!
Jean!
Schö - nes Fräu - lein!
Krá - sná sle - čno!
pp
Bertha. (schalkhaft)
Berta. (šelmovsky)
Halt ein, Ver - rä - ther! sehr gefährlich ist's,
Jste pl - ný zrá - dy, a nebezpečno
hier dich zu las - sen!
vás nechat ta - dy!
(Sie deutet ihm an, dass er sie wegführen soll. Jean macht ihr eine cermonlöse Ver-
(Dá mu na jevo, aby jí podal rámě. Jean se jí pokloní hluboce. Berta jemu, pak jí podá
beugung, die Bertha erwiedert, reicht ihr den Arm und geht mit ihr stolziglich ab. Die Anwesenden ziehen ihre Mützen
rámě a hrdě s ní odchází. Všichni smekají, komusi, jenž nesmekl, strhne Jean na odchodu čepici.)
ab; Einem, der dies unterlässt, wird sie von Jean heruntergerissen.)

Sopr.
Alt.
Ten.
Bass.
Hei-sa, juch-he, lasst uns sin-gen, ju-belnd ei-len wir zum Tanz, hei-sa, juch-he,
Hej-sa, hop-sa, ve-sel-me se bu-de-me mit mu-zi-ku. hej-sa, hop-sa,
Hei-sa, hei-sa, hei-sa, juch-he, lasst uns sin-gen, ju-belnd ei-len
Hej-sa, hop-sa, hej-sa, hop-sa, ve-sel-me se, bu-deme mit
hei-sa, juch-he, lasst uns sin-gen, ju-belnd ei-len
hej-sa, hop-sa, ve-sel-me se, bu-deme mit
Hei-sa, juch-he, lasst uns sin-gen, ju-belnd ei-len wir zum Tanz, hei-sa, juch-he,
Hej-sa, hop-sa, ve-sel-me se bu-de-me mit mu-zi-ku, hej-sa, hop-sa.
p scherz.
mf
lasst uns springen, Ju-gendfreu-den gut uns klei-den, Ju-gendfreu-den gut uns klei-den,
hej-sa, hop-sa,
wir zum Tanz, jak jsme rá-di, že jsme mlá-di, jak jsme rá-di, že jsme mlá-di,
mu-zi-ku.
wir zum Tanz, Ju-gendfreu-den gut uns klei-den, Ju-gendfreu-den gut uns klei-den,
mu-zi-ku.
lasst uns springen, jak jsme rá-di, že jsme mlá-di, jak jsme rá-di, že jsme mlá-di,
hej-sa, hop-sa,
f
blü-hen uns im schön-sten Glanz, hei-sa,
za se při-jdem do cvi-ku. hej-sa,
hei-sa! Hei-sa, juch-he, hei-sa, juch-he,
Hop-sa, hej-sa, hop-sa, hej-sa,
hop-sa! Hei-sa!
Hej-sa!

hei - sa, juch - he, hei - sa, juchhe, blü - hen uns im schönsten Glanz. Al - les wird uns heut,
hop - sa, hej - sa, hop - sa, hej - sa, za - se při - jdem do cvi - ku, jen co sko - či - me,
Ju - gend - - freu - den blü - hen uns im schönsten Glanz. Al - les wird uns ge -
za - - se při - jdem, za - se při - jdem do cvi - ku, jen co sko - či - me,
Ju - gend - - freu - den blü - hen uns im schönsten Glanz. Al - les wird uns heut,
za - - se při - jdem, za - se při - jdem do cvi - ku, jen co sko - či - me,
Ju - gend - - freu - den blü - hen uns im schönsten, schönsten Glanz. Al - les wird uns ge -
za - - se při - jdem, za - se při - jdem, při - jdem do cvi - ku, jen co sko - či - me,
dim.
wird uns ge - lin - gen heut, hei - - sa! juch - - he!
sko - či - me si v ple - se, hop - - sa! hop - - sa!
lin - - gen heut.
si v ple - se,
wird uns ge - lin - gen heut, hei - - sa! juch - - he!
sko - čí - me si v ple - se, hop - - sa! hej - - sa!
lin - gen heut, hei - - sa, juch - - he,
si v ple - se, hop - - sa, hej - - sa,
dim. sempre
(Alle gehen ab, Martin und Konrad ausgenommen.)
(Všichni odejdou mimo Václava a Konráda.)
hei - sa, juch - he, juch - - he!
hop - sa, hej - sa, hop - - sa!

IX. Auftritt. Konrad, Martin, später der Graf.
Výstup IX. Václav, Martin, později kníže.

Moderato.

Martin.

Heut darfst du nicht schweigen, musst dich herzhaft zei-gen; wie du sahst, mein Sohn, ja stau-ne!
Teď si do-dej, ho-chu, zmu-ži-lo-sti tro-chu; jak jsi vi-děl, v do-bré mí-ře

p

ist der Graf bei gu-ter Lau-ne; heu-te leiht er dir sein Ohr, heu-te leiht er dir sein
je náš do-bro-ti-vý kní-že; dnes mu mů-žeš vše-cko říc, dnes mu mů-žeš vše-cko

Ohr, heu-te leiht er dir sein Ohr, heu-te leiht er dir sein Ohr, bring' ihm nur die Sa-che
říc, dnes mu mů-žeš vše-cko říc, dnes mu mů-žeš vše-cko říc, dnes mu mů-žeš vše-cko

fz

Gehn wir al - so, mei - ne Lie - be prä - ge ich dem Gra - fen
Nu - že pojd'me, svo - ji lá - sku své - řím ny - ni kní - že -
nah! Tritt jetzt mu - thig nur her - vor, sich, dem Glü - cke bist du
nám, pojd'me smě - le mu jen vstříc, ště - sti při - zni - vo je
ein, will ihm sa - gen, dass ich frei - en will um eu - er schmuckes Töch - ter -
ti, po - vím mu, jak moc - ně tou - žím po tom va - šem, po tom děv - če -
nah! Tritt jetzt mu - thig, tritt jetzt mu - thig, tritt jetzt mu - thig nur her -
nám, pojd' - me mu jen smě - le, pojd'me mu jen smě - le, smě - le
ritard.
cresc.
f ritard.
(Beide gehen dem Grafen entgegen, welcher soeben auftritt und entblössen ihre Häupter.)
(Jdou naproti knížeti, jenž právě přichází a smeknou.)
lein. Eu - er Gna - den!
ti. Ach, Mi - lo - sti!
vor. Eu - er Gna - den!
vstříc. Ach, Mi - lo - sti!
mf
dimin.
p

Graf.
Kniže.
Martin.
Was wollt ihr? Wollt' bit-ten un-ter-thä-nigst, ob die Toch-ter hei-ra-then darf.
Co chce-te? Po-žá-dat vás u-cti-vě, abych směl svou dce-ru vdát.
p
Graf.
Kniže.
Martin.
Die kenn' ich gar nicht! Sie hat Eu-er Gna-den heut den Strauss ge-reicht.
Tvou dce-ru neznám. Je to ta, co vám dnes kyt-ku po-da-la.
mf
pp
Graf (bei Seite)
Kniže (stranou)
pp
(laut)
(nahlas)
Was hör' ich da? Und ihr be-glück-ter Frei-er?
Co sly-šim jen? A šťast-ný že-nich je-jí?
Konrad (tritt vor)
Václav (předstoupí)
Graf.
Kniže.
(bei Seite)
(stranou)
Wo ist der? Hier! Da? Ob sie denn ihn auch mag?
Kde jest ten? Zde! Ty? Chci dří-ve mlu-vit s ní.
quasi Recitativo.
Poco meno mosso.
(laut)
(nahlas)
Nun gut, ich will bestimmen dei-nen Hochzeitstag, wenn ich mich ü-berzeugt,
Nuž, věz, že svo-le-ní své dám ti k ve-sel-ce, až s dív-kou promlu-vím,
f
p
8255

rit.
a tempo
dass sie dir wohl geneigt, so wie du ihr, die Hand auch rei-chen mag.
a tak se přesvědčím, že, jak ty ji, též o-na-te-be chce.
rit.
a tempo
Più mosso.
Jetzt müsst ihr schnell sie ho-len, das Weit're Gott be-feh-len!
Teď ry-chle pro ni jdě-te a sem ji o-de-šle-te.
Martin (bei Seite) (stranou)
O weh, o weh, o weh, o weh,
O běda, běda, běda, běda,
Più mosso.
f
pp secco
d'raus wird wohl kei-ne Eh', wenn er sie hört und von ihr die Wahrheit
on svo-le-ní své ne-dá, až s Bě-tuškou promlu-ví, o je-jím
Konrad.
Václav.
O we-he, we-he, da-raus
O bě-da, bě-da, on svo-
Martin.
ganz erfährt. We-he mir, o weh, o weh, o weh, d'raus wird wohl
vzdo-ru zví; O bě-da, bě-da, bě-da, bě-da, on svo-le-ní

wird wohl kei-ne Eh', wenn er Re-gi-nen hört, von ihr die
le - ní své ne-dá až s Bě-tou promlu-ví, o je-jim
kei-ne Eh', wenn von Re-gi-nen er die Wahrheit ganz er-fährt,
své ne-dá až s Bětou promlu-ví, o je-jim vzdo-ru zví,
Wahrheit erfährt, we-he mir, wehe, wehe, wehe, wehe, wehe,
vzdoru zví o běda, běda, běda, běda, běda, běda,
d'raus wird wohl keine Eh', ja, d'raus wird wohl, ja,
on svo-le-ní své ne - - dá, ne - - dá až s Bě-tou
sf
dim.
wehe, wehe, wehe, wehe, o we-he, wehe!
běda, běda, běda, běda, o běda, běda!
(Beide ab)
(Oba odejdou)
d'raus wird wohl, ja, d'raus wird kei-ne Eh', o we-he, wehe!
pro-mlu - ví o je-jim vzdo-ru zví, o běda, běda!
p
dimin.
pp
cre - scen - do
f
dimi - nuen - do
pp

X. Auftritt. Der Graf.
Výstup X. Kníže.
Andante.
Der Graf.
Kníže.
Wer kann's mit Worten sa-gen auch, was drinn im Her-zen ins-ge-heim glüh-te küsst so süss mil-der Won-ne-hauch, die er-ste Früh-lings-blü-the!
Kdo jest, jenž slo-vy vy-po-ví, co v srd-ci na-šem co v srd-ci há-rá, když vě-třik va-ne má-jo-vý co prv-ní po-sel ja-ral
dimi
nuen do
ritard.

Allegro moderato, quasi l'istesso tempo.
Voll Sehnsuchts - trie - be seh'n wir die Knos - - pe, wie sanft sie schlum - mert
Tu pl - ní tou - hy na pou - pě zři - - me, jež slad - ce dří - - me
pp
pp poco a poco cresc. ed accelerando
den Traum der Lie - be, und je - der Gar - - ten wird zum Pa - la - - ste,
sen lá - sky dlou - - hý; a ka - ždé lou - - bi pa - lá - cem zdá se,
legato sempre
pp poco a poco cresc. ed accelerando
a tempo
wo sich die schön - sten Ge - dan - - ken paar - - ten. O, Won - ne-zeit,
kde v sladké krá - - se se sno - vé snou - - bi. To lá - sky čas,
a tempo
f
ritard.
p
in tempo
so hold und süss, die uns er-hebt in's Pa - ra - dies!
to lá - sky ples, jenž do ne-bes u - ná - ši nás.
ritard.
ff
p
pp
pp in tempo
8255

ritard.
pp
Ja,
ritard.
pp
Un poco meno mosso.
je-de Knos-pe auf nie-dri-gem Strau-che ist uns ein Traum im Klei-nen,
v každém pou-pě-ti na níz-kém ke-ři nám bla-há na-děj' zkvi-tá,
pp
und Je-der hofft mit dem Früh-lings-hau-che werd' ihm sein Glück er-
a ka-ždý z nás po-jed-nou vě-ři, že ja-rem ště-sti
schei-nen.
svi-tá.
Un poco più mosso, quasi
Und je-de Knos-pe auf
A v ka-ždém pou-pě-ti
dolce
pp
Tempo I.
nie-dri-gem Strau-che ist uns ein Traum im Klei-nen,
na níz-kém ke-ři nám bla-há na-děj' zkvi-tá,
8255

94
Un poco meno mosso.
accel. e cresc.
und Je-der hofft mit dem Früh-lingshau-che, und Je-der hofft, mit dem
a ka-ždý z nás po jed-nou vě-ři, a ka-ždý z nás
accel.
Früh-lingshau-che werd' ihm sein Glück, sein Lie-bes-glück er-
po-jed-nou vě-ři, že ja-rem ště-sti, že ja-rem ště-sti
molto espress.
f
ff
ritard.
a tempo
schei-nen, sein Liebesglück er-schei-nen;
svi-tá, že ja-rem ště-sti svi-tá,
(versinkt in Gedanken)
(zamyslí se)
ritard.
a tempo
espr.
p
pp
werd' ihm sein Glück er-schei-nen!
že ja-rem ště-sti svi-tá.
ten.
p
pp

XI. Auftritt. Regina, Gertrude und der Graf.
Výstup XI. Bětuška, Veruna a Kníže.
Allegretto scherzando.
Gertrude (bei Seite zu Reg.)
Veruna (stranou ku Bět.)
(Regina und Gertrude treten im Hintergrunde auf.)
(Bětuška a Veruna vystoupí v pozadí.)
Sieh ihn! nur mu-thig vor-wärts!
Tu jest! jen přistup bli - že!
Regina.
Bětuška.
Wie soll ich mit ei-nem so grossen Her-ren!
Bo-jím se s tak vel-kým mlu-vit pá-nem.
Ger. (laut zum Grafen)
Ver. (nahlas ke knížeti.)
Gnäd'ger Herr!
Mi - lo-sti!
Graf.
Kníže.
(zu Ger.)
(k Ver.)
Ach! Geh' nur fort, lass mich mit ihr al-lein!
Ach! Ty jdi pryč, já sám s ní pro-mluvím!
(Gertrude verbeugt sich)
(Veruna se pokloní)
mf
p
Ger. (bei Seite)
Ver. (stranou)
Hier seit-wärts im Ge-büsch, da hör' ich al-les fein.
Zde skry-ta za hou-štím vše do-bře u-sly-sím.
(verbirgt sich)
(skryje se)
Graf (zu Reg.)
Kníže (k Bět.)
Ist's wahr denn, was dein Va-ter sagt? dein Bräu-ti-gam...
Je prav-da, co tvůj o-tec děl? máš že-ni-cha?
Reg.
Bět.
Gott sei's geklagt!
Ach, bo-hu-žel!
colla parte

Andantino.
Graf. Kníže.
rit.
Ei, grämt's dich viel-leicht in der Still', das man dich ver - hei - ra-then will?
Aj ža - lost pů - so - bí ti snad, že o - tec tvůj tě ho-dlá vdát?
Reg.
Bět.
Più moto.
Ja, eu-er Gna - - den, gar zu sehr, ich kann es gar nicht sa -
Ba, mi-lost-pa - - ne, ve - li - kou, neb mi - lu-ji ji - né -
gen, ich wä - re gar zu un-glück-lich und müss-te
ho. Ach, věř - te, bu - du ne-šťast-nou já bez Je -
schier ver-za - - gen! gar zu unglücklich, gar zu unglücklich,
ni - čka své - - ho! Bu-du nešťastnou, bu-du nešťastnou,
ritard.
Graf. Kníže.
ich müss-te schier ver - za - - - - - gen! Wer ist der Ge-lieb - te?
já bez Je-ni - ka své - - - - - ho. Kdo že je Je-ni - ček?
ritard.

Andante.
Reg. Bět.
Allegretto.
Es ist... ja, er ist mein Glück und Le-ben, mei-ne einz'-ge Lie-be;
Je to, je to mo-je po-tě-še-ní, je-to mo-je lá-ska;
pp
ja, nach ihm al-lein nur stre-ben mei-ner Sehnsucht Trie-be. Mein Va-ter
kéž vám pro-ti my-slí ne-ní, že jsem je-ho krá-ska. O-tec
poco a
will nicht, dass ich mich ihm wei-he, noch dass Ge-hör ich
ne-chce, bych ho mi-lo-va-la, ne-chce, a bych
poco cre-scen-do
sei-ner Lie-be lei-be, weil er gar so arm und
srdce své mu da-la, pro-to-že je vel-mi
dimin.
pp
Graf. Kníže.
nie-drig. Recht hat der Va-ter! willst Alles du ver-lie-ren?
chu-dý. On prav-du má! sám bych se mu-sel zlo-bit;
cresc.
Ped.

ritard. molto
Ein schönes Mädchen, wie du, kann doch zieren das Haus eines jeden Edelmanns!
tak krásná divka může přece zdobit bok pyšný bohatýra každého!
fz dimin.
ritard. molto
p
Ped.
Ped.
a tempo
Ger. (bei Seite)
Ver. (stranou)
Reg.
Bět.
Ei, du mein Himmel! Herr Graf belieben zu scherzen!
Aj, kýho výra! Vy krásně žertujete!
a tempo
p
dim.
Graf.
Kníže.
Allegretto.
O dass uns beide nicht fesselt ein Liebesband! (will sie umarmen)
O, proč nás láska též, ó, proč nás neviže! (chce ji obejmout)
p
Ger. (bei Seite)
Ver. (stranou)
Più mosso.
Reg. (wehrt sich)
Bět. (odpuzuje jej)
Auch der hat Lust mit ihr zu spielen!
Jí ce lou ještě spiete!
Verzeihen gütigst,
Od pusťte, milo-

Tempo I.
Graf. Kniže.
Eu - er Gnaden! Ja, hier, an dei - ner Brust, winket mir Lie - bes-
sti - vý pa ne! Chci v srd - ce tvé se vkrást, u - či - tit lá - sky
Più mosso.
lust, hier träum' ich süss mein Pa - ra - dies, hier träum' ich
slast, na ňa - drech tvých pře - mi - lost - ných, na ňa - drech
cre - scen - do
ritard.
Ger.
Ver.
Andante.
Du Belial!
Ty fe - rino!
süss mein Pa - ra - dies, mein, mein I - de - al! O, ver-
tvých pře - mi - lost - ných, má, má div - či - no! Slib mi,
ritard.
Andante.
Poco più mosso.
sprich, stets treu zu lie - ben mich, all mein Hab' und Gut ist dein,
slib, že mě chceš mi - lo - vat, jsem o - cho - ten ti dát,
un poco string.

ritard.
Andante.
rit.
Allegro
Nur Gottlieb ist mein Leben!
Jen Je-ni-čka chci mi-ti!
ich will dir Al-les ge-ben!
co je nom budeš chti-ti!
Dein Gat-te
On mužem
Andante.
Allegro.
pp ritard.
p
Reg. (bei Seite.)
Bět. (stranou.)
soll er wer-den, von mir kriegt er ein Gut.
tvým má bý-ti; já ma-tek jemu dám
Ist's möglich?
Co slyším?
Graf (zeigt in die Coulissen.)
Kníže (ukazuje do kulis.)
Siehst du dort den gros-sen Mei-er-hof?
Vi-díš tam ten dvo-rec o-pu-ště-ný?
cresc.
Reg.
Bět.
O wä-re doch nur Gott-lieb mein Gemahl!
O kéž mám Je-ní-čka za mu-že!
Wohlan denn?
Nu-že?

Poco Andante.
Graf. Kníže
Glaub' mir, dein Wunsch erfüllt soll er werden,
To, věř mi, všecko se, drahé děcko, stane,
pp
Ger.
Ver
Reg. (wehrt sich flehentlich.)
Bět. (vzpírajíc se prosebně.)
Was noch? Ach, Gnade, o Herr. Gnade!
Co pak? Ach, milost, prosím, pane!
jedoch
a však
(Er nimmt Regina bei der Hand und will sie zur Laube führen.)
(Uchopí Bětušku za ruku a ukazuje k besídce.)
un poco ritard.
Andante.
Ger.
Ver.
Dort wo im trauten Schatten zart sich
Tam vo-nom stin-ném lou-bí, kde květ
Dort wo im trauten Schatten zart sich die Blumen gatten, ja, dort im
Tam vo-no stin-né lou-bí, kde květ se s kvítkem snoubí, tam vo-no
Andante.
pp ten. ten.
Reg.
Bět.
Dort wo im trau-ten Schatten zart sich die Blumen
Tam vo-nom stin-ném lou-bí, kde květ se s kvítkem
die Blumen gatten, dort, dort möcht' es ihm gelingen,
se s kvítkem snoubí, tam, tam chytil by to dítě,
trauten Schatten, dort, dort soll uns die Lieb' umschlingen. Dort küss' ich deine
stin-né lou-bí, tam, tam na-stelduj mé hbitě. Nejdřív ti lí-čka
p

gat - - ten, ja an dem stil - len Ort, —
snou - - bi, tam chy - til by mě, tam,
fest an - zu - ziehn die Schlin - - - gen, dort möcht' es ihm,
ve ro - ze - stře - né si - - - - tě, tam chy - til by
Wan - - gen, hal - te dich, Theu - re, um - fan - - - - gen im
zlí - - bám, a pak tě u - ko - lí - bám v nej - -
dort, — dort soll's ihm nicht ge - lin - gen an - zu - ziehn sei - ne Schlin - gen.
tam, tam chy - til by mě hbi - tě ve ro - ze - stře - né si - tě.
dort möcht' es ihm — ge - lin - gen an - zu - ziehn sei - ne Schlin - gen.
tam chy - til by to di - tě ve ro - ze - stře - né si - tě.
sü - - - ssen Lie - - - - bes - traum.
slad - - - ší lá - - - - sky sen.
pp
pp
Dort, — wo im trau - ten Schat - ten
Tam — v o - nom stin - ném lou - bi,
Dort, wo im trau - ten Schatten
Tam v o - nom stin - ném lou - bi,
Dort, wo im trau - ten Schat - ten zart — sich die Blu - men gat - ten,
Tam v o - no stin - né lou - bi, tam, kde květ se s kvítkem snou - bi,
pp
con Ped.

zart — sich die Blu-men gat-ten, dort — am stil-len
kde — květ se s kvit-kem snou-bi tam — chy-til by
zart sich die Blu-men gat-ten,
kde květ se s kvit-kem snou-bi
dort — will ich dich um-schlin-gen o komm, —
tam, tam ná-sle-duj mě hbi-tě, o pojď, —
cresc.
Ort, — am stil-len Ort, — dort soll's ihm nicht, ihm nicht ge-lin-gen,
mě, — chy-til by mě, — chy-til by mě, tam chy-til by mě
Dort, wo im trau-ten Schatten
Tam v o-nom stinném lou-bi,
o komm mit mir, o komm mit mir! Dort in dem
o pojď se mnou, pojď se mnou jen, tam v o-no
soll's nicht ge-lin-gen, es soll ihm nicht ge-lin-gen, fest an-zu-ziehn die Schlingen!
ve ro-ze-stře-né, tam chy-til by mě hbi-tě ve ro-ze-stře-né sí-tě,
sich zart die Blu-men gat-ten, dort will er sein Ziel er-
kde květ se s kvit-kem snou-bi, tam chy-til by to
trau-ten Schat-ten, dort halt' ich dich um-
stin-né lou-bi, tam ná-sle-duj mě
dimin.

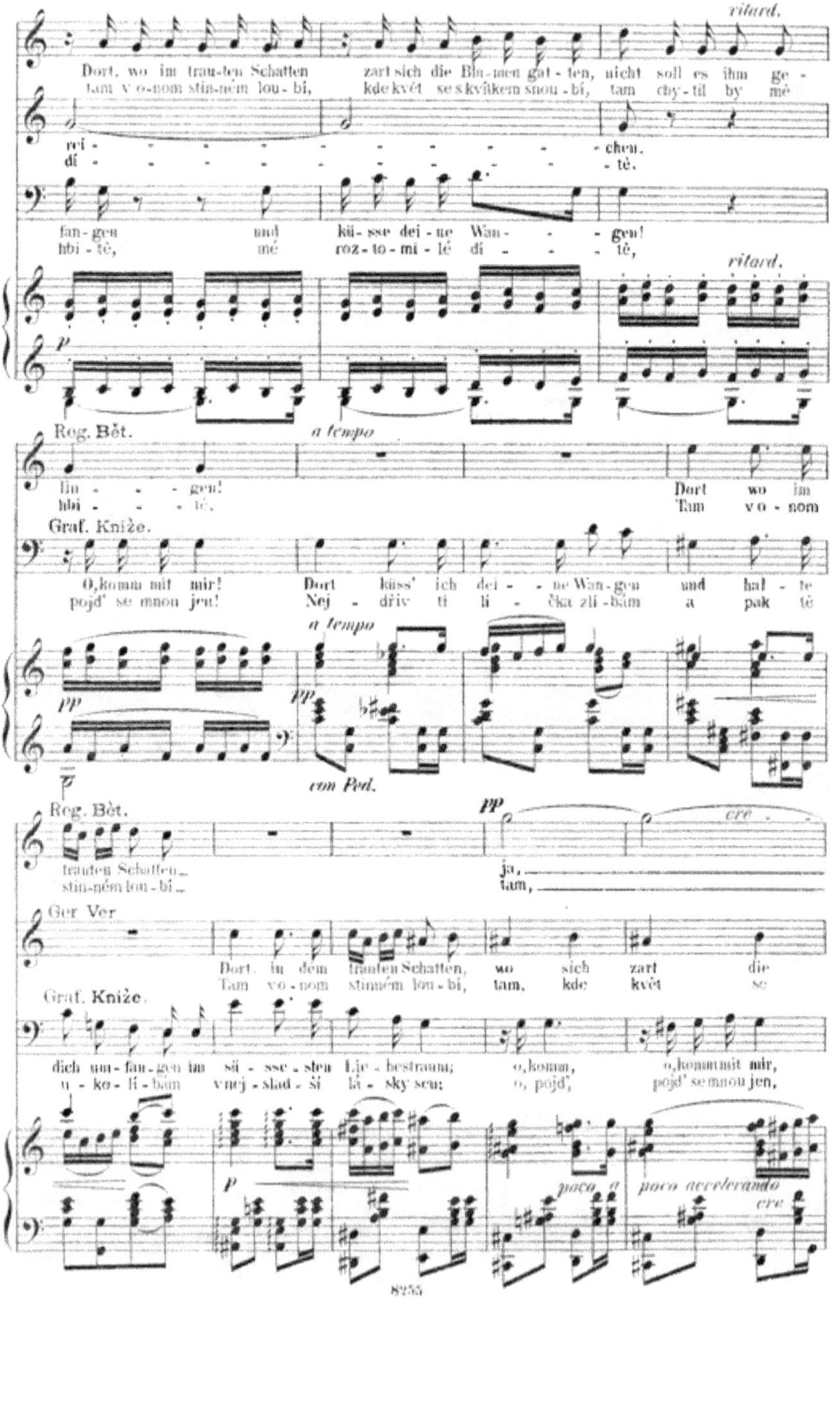

ritard.
Dort, wo im trau-ten Schatten zart sich die Blu-men gat-ten, nicht soll es ihm ge-
tam v o-nom stin-ném lou-bí, kde květ se s kvítkem snou-bí, tam chy-til by mě
rei - chen.
dí - tě.
fan-gen und küs-se dei-ne Wan-gen!
hbi-tě, mé roz-to-mi-lé dí - tě,
ritard.
p
Reg. Bět.
a tempo
lin - gen!
hbi - lé,
Dort wo im
Tam v o-nom
Graf. Kníže.
O, komm mit mir! Dort küss' ich dei-ne Wan-gen und hal-te
pojď se mnou jen! Nej-dřív ti li-čka zlí-bám a pak tě
a tempo
pp
pp
con Ped.
Reg. Bět.
pp
trauten Schatten...
stin-ném lou-bí...
ja,
tam,
cre
Ger. Ver.
Dort, in dem trauten Schatten, wo sich zart die
Tam v o-nom stinném lou-bí, tam, kde květ se
Graf. Kníže.
dich um-fan-gen im sü-sse-sten Lie-bestraum; o, komm, o, komm mit mir,
u-ko-lí-bám v nej-slad-ší lá-sky snu; o, pojď, pojď se mnou jen,
p
poco a poco accelerando
cre

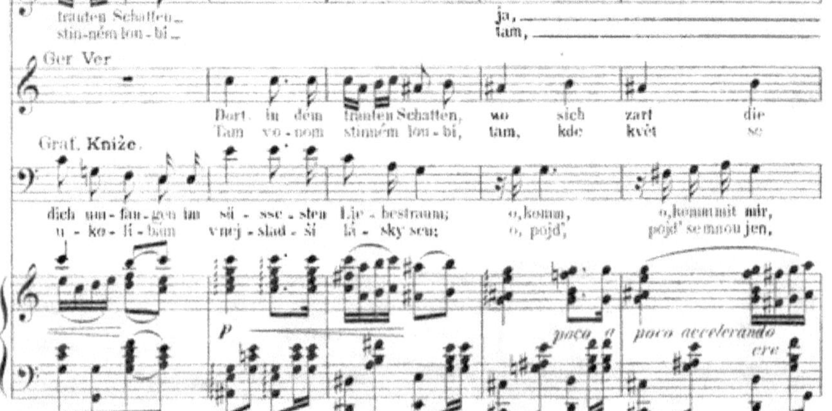

scen - - - do
p
ja, dort im Schat - ten, ja, dort im Schatten,
tam vo - nom lou - bi, tam vo - nom lou - bi,
Blu - - men gat - - ten, dort möcht'es ihm ge - lin - - gen,
s kvit - - kem snou - - bi, tam chy - til by to di - - tè,
o, komm mit mir, o, komm mit mir!
pojď se mnou jen, pojď se mnou jen,
scen - - - do
p
a tempo
wo sich die Blu - men zärt - lich gat - ten, es soll ihm nicht ge - lin - gen,
kde květ se s kvit - kem, s kvit - kem snou - bi, tam chy - til by mě hbi - tè
fest an - zu - ziehn die Schlin - gen, sei - ne Schlin - - - - - - -
tam chy - til by to di - - tè, to di - - - - - - -
a tempo
Dort, in dem
Tam vo - - no
p a tempo
cresc.
fest an - zu - ziehn die Schlin - gen, ja
ve ro - ze - stře - né si - tè, tam
- - - gen. Ja, dort im Schat - - ten,
- - - tè. Tam, vo - nom lou - - bi,
trau - ten Schat - - ten, dort küss' ich dei - - ne Wan - gen
stin - né lou - - bi, tam na - sle - duj mě hbi - tè
dim.
p poco a poco accelerando cre - -

ja, dort im Schat - ten,
tam vo-nom lou - bi,
wo sich die Blu - men zärt-lich gat - ten, dort möcht' es ihm ge-
kde květ se s kvit-kem, s kvitkem snou - bi, tam chy-til by to
und hal - te dich um-fan-gen, dort in dem
tam ná - sle-duj mé hbi-tě, tam vo-no
scen - do
p
cresc.
ja, dort im Schat - ten, wo sich die Blu - men zärt - lich gat-ten,
tam vo-nom lou - bi, kde květ se s kvit - kem, s kvit - kem snou - bí
lin - gen, fest an-zu-ziehn die Schlin - gen, sei-ne
di - tě, tam chy-til by to di - tě, to
trau - ten Schat-ten, wo sich die Blu - men gat - ten,
stin - né lou-bi, kde květ se s kvit-kem snou - bi,
cre scen do
in tempo
p
soll es ihm nicht ge-lin-gen, fest an-zu-ziehn die Schlin-gen
tam chy-til by mé hbi-tě, ve roz-za-stře-né si - tě.
Schlin - gen.
di - tě.
pp
dort küss' ich dei-ne Wan - gen und hal - te
tam ná-sle-duj mé hbi - tě, mé roz-to-
p in tempo
dim.

Reg.
Bèt.
Es soll ihm nicht ge-lin-gen, al-les zu er-
Tam chy-til by mě hbi-tě v ro-ze-stře-ně
Graf.
Kníže.
dich um-fan-gen im sü-sse-sten Lie-bes-traum, o
mi-lé dí-tě, o pojď, pojď, o pojď se mnou, se
Reg. Bèt.
rei-chen.
si-tě.
Dort will er sein Ziel,
Tam chy-til by mě,
Ger. Ver.
Dort möcht' es ihm ge-lin-gen fest an-zu-zieh'n die
Tam chy-til by to dí-tě ve ro-ze-stře-ně
Graf. Kníže.
komm doch! Komm doch,
mnou jen! Pojď jen,
pp
ritard.
dort will er sein Ziel, dort will er sein Ziel er-
tam chy-til by mě, ve ro-ze-stře-ně
Schlin-gen,
si-tě,
komm doch! O komm' mit
pojď jen! O pojď se mnou
colla parte

rei - - - - - - - - - - - - - - -
si - - - - - - - - - - - - - - -
ja, sei - nen bö - sen Vor - satz oh - ne Glei - chen will er dort er -
tam chy - til by, tam chy - til by to dí - tě vro - ze - stře - né
mir!
jen!
Ped.
chen.
tě.
rei - - - chen.
si - - - tě.
Wohlan, mein Kind, gleich nach dem Abendfest kannst mich erwarten hier;
Nuž, pře-dra - há, až bu - de po plesu, já k to - bě po-pi-lím
Andante.
ppp
colla parte
p
f
Graf
Kníže
ich bring' den Schenkungsbrief, den Schenkungsbrief, mit mei-ner Lie - be dir.
a ú - pis ho - to - vý ti při - ne - su s ho-rou-cím srd - cem svým
(Nach rechts ab.)
(Odejde v pravo.)
f

109
XII. Auftritt. Regine, Gertrude, später Jean.
Výstup XII. Bètuška, Veruna, později Jean.
Allegro.
Gertrude (zu Regine ironisch.)
Veruna (k Bètušce ironicky)
Ei, schöne Sachen hab' ich da geseh'n!
Aj, pěk-né vě-ci jsem tu vi-dě-la!
wie leicht bist du doch um-zu-wan-deln,
ba vě-ru, mů-žeš bý-ti pyš-ná,
wie thatest mit dem
že s mi-lost-pá-nem
Regine. Bètuška.
Wie? glaubt ihr denn, ich könnt' so han-deln?
Vy my-slí-te, že jsem tak hřiš-ná?
Gra-fen du so schön!
jsi do-vá-dě-la!
könnt' mei-nem Gott-lieb un-treu wer-den, ihm, den ich al-lein lieb auf
Je-ní-ček je mé po-tě-še-ní, nad ně-ho mi nic v svě-tě

Er- - den?
ne- - ní!
Gertrude.
Veruna.
Sei still, wer kommt da-her?
Už mlč, tam ně-kdo jde!
Der jun-ge
To je ten
ritard.
Mann der mich vor-hin ver-folg-te mit den Bli-cken!
pán, co ko-lem mne se to-čil jak na bá-ni.
Am
Snad
a tempo
En-de will er auch dein Herz be-stri- - cken!
chtěl se s te-bou pu-stit v laš-ko-vá- - ní!
Ihr kennt ihn wohl?
Aj, zná-te ho?
Es ist ja Mos-je Jean!
Nu, vždyť je to pan Jean!
Regine. Bětuška.
ritard.
Seht, wie er sich putzt und zie-ret, selbst-bewusst einher-stolzie-ret,
Kon-kej, ja-ké dě-lá kro-ky, py-šně na-pa-ru-je bo-ky,
dolce

wie ein Hahn, Mos-je Jean! Wie er mit den Au-gen spä-het,
ja-ko páv, ja-ko páv. Kou-kej, jak se hlou-pě to-čí,

pp

hin und her sich tänzelnd drehet wie ein Hahn, Mos-je Jean!
v pra-vo, v le-vo há-zí o-či, ja-ko páv, ja-ko páv.

p

pp

Gertrude.
Voruna.

ritard.

Dass er dumm ist, darfst nicht glauben, dei-ner Eh-re dich be-rau-ben könnt' er leicht,
Ne-věř, hol-ka, že je hloupý, o po-cti-vost tě o-lou-pí ja-ko nic,

p

ritard.

könnt' er leicht. Dass du Braut bist, wohl er-wäg' es,
ja-ko nic. Pa-ma-tuj, že jsi ne-vě-stou,

pp

p

ossia:

Jean (tritt auf und erblickt Regine.)
(vystoupí a spatří Bětuška.)

lass ihn gehn nur sei-nes We-ges; besser ist's, wenn er weicht!
nech ho ji-ti svo-jí ce-stou, nemluv nic, ne-mluv nic!

pp

pp

Jean (bei Seite).
(stranou).
Ach, sie ist hier, mir sehr ge - le - gen! gleich will ich nun an - ban - deln mit ihr!
Ach, o - na zde, mám vě - ru ště - stí, hned mlu - vit mu - sím, hned mluvit s ní!
pp
(laut)
(nahlas)
Ach!
Ach!
(Schleicht zu Regine hin und will sie in die Wange kneifen)
(Přibližuje se k Bětušce a chce ji štípnout do tváře.)
f
Regine (stösst ihn weg).
Bětuska (odstrčí jej)
Ei, geht doch!
jdě - te!
(Gertrude tritt zwischen beide)
(Veruna vstoupí mezi oba)
Jean
Hör' mich, Theure, nur, wollte dir et - was sa - gen:
Jen mne ne - pli - sni, chci na tě pro - sbu vzné - sti.
fp
p
Gertrude.
Veruna.
Und was denn?
A ja - kou?
Fort, alter Drache, fort von hier, sonst werd' den
Ba - bo pryč, ba - bo pryč, sic na tě
p

Regine.
Bĕtuška.
Ei,
Aj
Weg ich zeigen dir, alter Drache, fort von hier, sonst werd'den Weg ich zei-gen dir!
ve-zmu, ve-zmu bič, ba-bo pryč, ba-bo pryč, sic na tě ve-zmu, ve-zmu bič!
mf
p
seht doch die-sen kecken, diesen kecken Jungen!
hleď-me aj, hleď-me, hleď-me na smě-lé-ho ptá-čka!
Es ist
Ta věc
Gertrude.
Veruna.
Ei, seht doch, ei, seht doch diesen kecken Jungen!
Aj, hleď-me, aj, hleď-me na smě-lé-ho ptá-čka!
Es ist
Ta věc
wahrlich sehr zum Lachen,
je nám vě-ru k smíchu,
wie stolz er sich benimmt und wie ge-
my zkro-tit do-ve-dem pa-
wahrlich sehr zum Lachen,
je nám vě-ru k smíchu,
wie stolz er sich benimmt und wie ge-
my zkro-tit do-ve-dem pa-
fz p

zwungen! will uns hier Fa-xen ma - - - chen!
ná - čka, a ztre-stat je-ho pý - - - chu!
zwungen! will uns hier Fa-xen ma - - - chen!
ná - čka, a ztre-stat je-ho pý - - - chu!
Regine.
Bětuška.
Ihr seid ein tüchti-ger Laf - - -
Jste, jste, jste na-du-tý hej - - -
Gertrude.
Veruna.
Ihr seid ein tüchti-ger Laf - - -
Jste, jste, jste na-du-tý hej - - -
Recit.
Jean.
Ich bin so stolz nicht, her-zi-ges Kind.
Já py-šný ne-jsem, mo - je drahá!
colla parte
fe!
sek!
fe!
sek!
Recit.
Führwahr, es ist ja mein Be-stre-ben,
A nej-vět-ši to mo-je sna-ha,
Recit.
für dich zu op-fern selbst mein Le-ben; im Staub will ich als Scla-ve
bych le-žel ja-ko ma-lý pej-sek u no-hou tvých, se to-bě
8255

lie-gen, mich lie-be-voll an dich nur schmie-gen.
dvo-ře, a v prachu před te-bou se ko-ře.
ritard.
dimin.
pp
Allegro vivace.
(lispelnd): Bleibest du hier, komm' ich zu dir gleich nach dem Fe-ste, du Al-ler-
(šeptaje): Až bu-de dnes u-končen ples, já v noční do-bě po-spí-ším
fp
pp
be-ste; bleibest du hier, komm' ich zu dir gleich nach dem Fe-ste, du Al-ler-
k to-bě; až bu-de dnes u-končen ples, já v noční do-bě po-spí-ším
Meno mosso.
ritard.
be-ste, treu dir in Lie-be, treu dir,
k to-bě, dí-ven-ko mo-je, dí-ven-ko
pp
rit.
Quasi Andante.
Tempo I.
treu in Lie-be! Geh nun vor-an, an's Fenster dann lehn' an die
mo-je! Teď domů spěj a žebřík dej pod o-kno
ppp
p

Lei-ter, fürchte nichts wei-ter, geh' nun vor-an, geh nun vor-an, geh' nun vor-
ke zdi, bych moh' vy-lé-zti, teď do-mu spěj a žebřík dej, teď do-mu
an, an's Fenster dann lehn' an die Lei- - - - - -ter; geh' nun vor-
spěj a žebřík dej, pod o-kno ke zdi; teď do-mu
an, an's Fenster dann lehn' an die
spěj a žebřík dej pod o-kno
Lei-ter, da-mit ich weiter zu dir dann kann in's Zimmer.
ke zdi bych moh' vy-le-zti k vám do po-ko-je.
Gertrude (bei Seite).
Veruna (stranou).
Wart' nur, Bursche, wart' das sollst du mir be-reuen!
Počkej, ptáčku, počkej, já tě pěkně sklidím!
pp

Quasi l'istesso tempo.

Was soll denn das?
Co to má být?
Spass, ein gu-ter Spass!
lest', jen chy-trá lest'.
mich da-bei sehn, d'rum soll ich gehn jenseits der Strass'; kein ar-ger
mne ne vi-děl, chce a-bych šel tam ko-lem bud, by a-le
Was für ein Spass?
A ja-ká lest?
Plumpen hin-ein soll er in's Fass,
Chci, a-by slit' v ten vel-ký sud,
Spä-her soll jedoch nä-her mich da-bei sehn, d'rum soll ich
žá-dný zrak li-dí zrá-dný mne ne-vi-děl, chce a-bych
Gertrude.
Veruna.
Allegro vivace.
plumpen hin-ein soll er in's Fass, plumpen hin-ein soll er in's Fass.
chci, a-by slit' v ten vel-ký sud, chci, a-by slit' v ten vel-ký sud!
Jean.
gehn jenseits der Strass', jenseits der Strass'
šel tam ko-lem bud, tam ko-lem bud
Allegro vivace.
pp

Regine.
Bětuška. *pp*

Kein ar-ger Spä - her soll jedoch nä - her ihn da-bei sehn, d'rum soll er
By a - le žá - dný zrak li di zrá - dný jej ne-vi-děl, chce, a - by

Gertrude.
Veruna. *pp*

Kein ar-ger Spä - her soll jedoch nä - her euch da-bei sehn, d'rum sollt ihr
By a - le žá - dný zrak li di zrá - dný vás ne-vi-děl, chci, by-ste

Jean. *pp*

Bleibest du hier, komm' ich zu dir gleich nach dem Fe - ste, du Al - ler-
Až bu-de dnes a-kon-čen ples, já v no-ční do bě po-spi-šim

pp

gehn, jenseits der Strass', d'rum soll er gehn jen-seits der Strass', d'rum soll er
šel, tam ko-lem bud, chce, a - by šel tam ko-lem bud, chce, a - by

gehn, jenseits der Strass', d'rum sollt ihr gehn jen-seits der Strass', d'rum sollt ihr
šel, tam ko-lem bud, chci, by-ste šel tam ko-lem bud, chci, by-ste

be - ste, bleibest du hier, komm' ich zu dir, blei-best du hier, komm' ich zu
k to - bě; až bu-de dnes u-kon-čen ples, až bu-de dnes u-kon-čen

geh'n jenseits der Strass', jenseits der Strass'. Was soll denn
šel tam ko-lem bud, tam ko-lem bud. Co to má

gehn jenseits der Strass', jenseits der Strass'.
šel tam ko-lem bud, tam ko-lem bud.

dir gleich nach dem Fe - ste, du Al-ler - be-ste, gleich nach dem Fe - - - -
ples, já v no-čni do - bě po-spi šim k to-bě, já v no-čni do - - - -

pp

das? Was für ein Spass?
být? a ja-ká lest'?
Ein gu-ter Spass! Plumpen hin-ein soll er in's Fass.
Jen chytrá lest' Chci a-by slít' v ten vel-ký sud.
ste, du Al-ler-be- - - ste, mein hol-des Lieb-chen
bě po-spi-šim k to- - - - -bě, dí- - -ven-ko mo- -je.
Jean.
poco a poco ritard.
Länger, o Theu-re, säume nicht, säume nicht, zeige dich strahlend meinen Blicken,
Teď poshov je ště ma-li-čko, ma-li-čko, na ru-ku dám ti po-lí-be-ní
poco a poco ritard.
A-bends dann küss' ich voll Entzücken, Liebchen, dein holdes An- - - - - - - - -ge-
až ve-čer pak ti v roz-tou-že-ní rty vře-le vti-sknu na li- -
pp
L'istesso tempo.
Gertrude.
Veruna.
(Regine reicht Jean die Hand, welcher dieselbe feurig küsst.)
Nun, sei doch hübsch ga-lant und reiche ihm die Hand!
Nu, měj se k to-mu, měj a ru-ku svou mu dej!
(Bětuška podá Jeanovi ruku, jenž ji vroucně líbá.)
sicht! (Jean sucht Regine's Hand zu erwischen um sie zu küssen, sie aber wehrt sich.)
čko! (Jean hledí uchopiti a políbiti ruku Bětušky; tato se brání.)
L'istesso tempo.

XIII. Auftritt.

Die Vorigen. Bertha tritt mit zwei Lakaien auf, die einen Teppich ausbreiten und darauf zwei Fauteuils aufstellen. Sie sieht Jean's Treiben.

Výstup XIII.

Předešlí. Berta přijde s několika lokaji. Tito rozestrou koberec, jejž s sebou byli přinesli, na zem, a postaví naň dvě lenošky. Berta vidí, jak Jean líbá Bětušku.

Recit.

Jean.
Bit-te, ich er - he - be kei - ne Kla - ge, wer - de dann mit ei - nem Schlage
Do-brá, do-brá, te - dy pů - jdu stra - nou; po - zdě - ji chci je - dnou ra - nou
Bertha.
Zwi-schen uns giebt's kein Ver - söh - nen;
Ne - smí - řim se s vá - mi, věř - te;
zäh - men wie - der - um ihr Grol - len.
va - ši pří - zně si zas do - být.
magst du hul - di - gen und fröh - nen ei - ner Bäu - e - rin!
ra - děj' od - tud ry - chle běž - te k ňá - ké sel - - - - ce,
pp
doch zu ei - ner fei - nen Da - me pass'st du nicht, du Bö - se - wicht!
a - le k sle - čně, k sle - čně z do - mu pan - ské - ho ne - choď - te!
Jean (lachend) (se smíchem)
Schöner Na - me!
U sta hro - mů!
Gertrude (bei Seite zu Bertha).
Veruna (stranou k Bertě).
Grol - let fer - ner nicht Re - gi - nen, hö - ret lie - ber, lasst euch die - nen
Na Bě - tu - šku ne - žár - le - te a ra - dě - ji po - sle - chně - te

Gertrude.
Veruna
mei-nen Rath; wollt ihr mich gut ver-ste-hen, dann wer-den bald ver-ge-hen
ra-dy mé; a bu-de-te-li tre-stat, bu de mu-set br-zy pře-stat
Bertha
(bei Seite)
(stranou)
Sprecht, was ist für ihn die be-ste Stra-fe?
Ja-ký trest mě-la bych mu dá-ti?
Gertrude.
Veruna.
ihm die Schrullen in der That!
pře-stat se svým zá-let-ní-ctvím.
Mei-ne
Svo-ji
Recit.
List wird in kurzem euch bekannt; schaffet mir nur vor der Hand Zu-tritt zu der gnäd'gen
lest po-zdě-ji vám od-ha-lím; jen mi sle-čno pře-de-vším ke kně-žně zje-dnej-te
Recit.
Bertha. Allegro scherzando.
(stolz zu Jean)
(pyšně k Jeanovi)
Auf den Scherz bin ich be-gie-rig, kommt denn mit mir! Sie, mein
Již se tě-šim na ten vý-stup, pojď-te se mnou! Mi-lý
Gräf-lin
při-stup.
Allegro scherzando.

Herr! Jean. (übertrieben galant) Ihren Arm, ich bit - te! (Jean verbeugt sich und reicht ihr den Arm.)
pa - ne! (s přehnanou dvorností) Po - dej - te mně rá - mě!

Fräu - lein!
Sle - čno!
(Jean se pokloní a podá jí ruku.)

Füh - len sollst du mei - ne Ra - che!
Bu - deš pa - ma - to - vat na mě!

Es in - te - ressirt mich kaum die
Jsem dy - chtiv na to co se

dimin.

(Jean und Bertha ab.)
Sa - che.
sta - ne.
(Jean a Berta odejdou.)

Gertrude.
Veruna.
Blei - be hier noch ei - ne Wei - le, zur Grä - fin
Postůj tu jen malou chví - li; Ve - ru - na

pp *dimin.* *sempre*

in - dess ich ei - - le. (ab)
ke kně - žně pí - - li. (odejde)

ritard.

XIV. Auftritt. Regine allein.
Výstup XIV. Bětuška sama
Andante con moto.
Regine. Bětuška.
Wer schil-dert mei-ne Lei-den, all die Angst, die in's Herz mir kam?
Jak úz-ko mi a bol-no v tom mém sr-dé-čku ma-lém!
pp
An-dre sind so voll Freu-den, und mich töd-tet mein Lie-besgram.
proč ji-ným je tak vol-no, když já u-mí-rám ža-lem?
f
ritard.
pp
f
Güt'ger Gott dort im Ster-nenkran-ze
Bo-že do-brý tam na vý-so-sti,
ritard.
pp
pp a tempo
der du tröstest uns im Schmerz und Leid, seg-ne uns're Lie-be je-der-zeit, lass' erstrah-len
kterýž dáváš té-chu v bo-le-sti, shlé-dni na mne zra-kem mi-lo-sti, lá-sce na-ší
pp
pp

sie im neu-en Glan - ze, seg - ne uns're Lieb, seg - ne uns're Lieb,
bla-ze dej vy-kvé - sti, shlé - dni na mne zra - kem mi-lo-sti,
p dimin. pp
lass' er - strah-len sie im neuen Glan - ze. Güt'ger Gott dort im Sternenkranz, uns're
dej lá-sce, lásce naši blaze vy - kvé - sti. Bo - že dobrý tam na vý-so-sti, shlédni
rit. pp
Lie - be seg-ne je-der-zeit, güt'ger Gott dort im hel-len Ster - nen-kran-ze, tröste
na mne zra-kem mi - lo-sti, bo - že dobrý tam na vý - so-sti, dej lá - sce na-ši
cresc. f
uns im Schmerz und Leid, lass die Lie-be, lass er - strah - len sie im neuen Glan - - -
bla-ze vy - kvé-sti, dej lá-sce na-ši bla-ze, lá - sce na-ši blaze vy-kvé- -
dim. p dimin. pp
lunga fermata
ze!
sti!
Ped.

XV. Auftritt. Regine, Gertrude, die Gräfin und Bertha.

Výstup XV. Bětuška, Veruna, Kněžna a Berta.

hier! Nun hör' mein Wort: wirst bleiben hübsch zu Haus, ich will al - lein er-scheinen
se-jí-ti; ty v slo-vu stůj, že nechceš při - jí - ti, já sa-ma, sa - ma pů - jdu
hier, voll Lie-bes-lust will er dir nahn, der gu-te Mann, dich schlimm ver-ra-then
vkrást, s ní lá-sky slast roz-koš-ně po - ží - vat, vás zrá - dně o - kla -
hier, ich will al - lein er-schei-nen hier und gleich's mit ihm dann aus,
tam, já sa-ma, sa - ma pů - jdu tam a s ním se vy-rov-nám,
dann, dich schlimm ver-ra-then dann, dich ver-
mat, vás zrá - dně o - kla - mat, zrá - dně
fp
fz
fp
und gleich's mit ihm dann aus. Kaum en-det heut' die Festlich-
a s ním se vy-rov-nám. Až skon-čí dnes ten slav-ný
rathen dann. Kaum en-det heut', kaum en-det heut' die Festlich-
o-kla-mat. Až skon-čí dnes, až skon-čí dnes ten slav-ný
pp
fz

keit, die Fest-lich-keit, will mein Ge-mahl mit dir char-mi-ren hier, nun hör' mein
ples, ten sla-vný ples, chce man-žel můj se s te-bou se-jí-ti, ty v slo-vu
keit, die Fest-lich-keit, will der Herr Jean charmi-ren hier, voll
ples, ten sla-vný ples, chce se pan Jean k Bě-tuš-ce vkrást, a
Wort, hö-re mein Wort, hö-re mein Wort, hö-re mein
stůj, ty v slo-vu stůj, ty v slo-vu stůj, ty v slo-vu
Lie-bes-lust will er dir nahn, will er dir nahn, der
roz-ko-chán, a roz-ko-chán, a roz-ko-chán, sní lá-sky
fp
Regine.
Bětuška
Thun will ich, was ich kann, han-delt nach eu-rem
Chci po-sluš-na vás být, chci po-sluš-na vás
Die Gräfin Kněžna.
Wort: wirst blei-ben hübsch zu Haus, ich will al-lein er-schei-nen
stůj, že ne-chceš při-ji-ti, já sa-ma, sa-ma půj-du
Bertha.
Will's ihm ver-gel-ten dann, will's ihm ver-
Gertrude.
Veruna.
Chci mu to pře-ka-zit, chci mu to
gu-te Mann, der gu-te Mann, dich schlimm ver-ra-then
slast roz-koš-ně po-ži-vat, vás zrá-dně o-kla-
cre

Plan; thun will ich, was ich kann,
být, chci po - sluš - na vás být,
hier, und gleich's mit ihm, mit ihm dann aus, und gleich's mit
tam, a sa - ma s ním se vy - - rov - nám a sa - ma
gel - ten dann, will's ihm ver - gel - ten dann,
pře - ka - zit, chci mu to pře - ka - zit,
dann, dich schlimm ver - ra - - then dann, dich
mat, vás zrá - dné o - - kla - mat, vás
scen - - - do
ff
han - delt nach eu - rem Plan, euch folg' ich dann, euch folg' ich
chci vás po - sluš - na být, po - sluš - na být, po - sluš - na
ihm, mit ihm dann sel - ber aus, sel - ber aus,
s ním se sa - - ma vy - rov - nám, vy - rov - nám,
will's ihm ver - gel - ten dann, will's ihm ver - gel - ten dann, will's ihm ver-
chci mu to pře - ka - zit, chci mu to pře - ka - zit, chci mu to
schlimm ver - ra - - then, dich schlimm ver - ra - then dann, dich schlimm ver - ra - then dann,
zrá - dné, zrá - - dné o - kla - mat, vás zrá - dné o - kla - mat, vás zrá - dné

dann, euch folg' ich dann, euch folg' ich dann.
být, chci vás, chci vás po-sluš - na být.
und gleich's mit ihm, mit ihm dann sel-ber aus.
a sa - ma s ním se, sa - ma vy-rov-nám.
gel - ten dann, will's ihm ver - gel - ten dann, will's ihm ver - gel-ten dann.
pře - ka - zit, chci mu to pře - ka - zit, chci mu to pře-ka-zit.
dich schlimm ver - ra-then dann, dich schlimm ver - ra-then, ver - ra-then dann.
o - kla - mat, vás zrá-dně o - kla - mat, vás zrá-dně o-kla-mat.
Will
Es ist ja mein Ge-mahl, hast keine frei - e Wahl.
Vždyť je to můj choť, pro - to tam ne-choď
Ganz am richt'gen Ort.
Pr-ký́n-ko na něm.
Ja, das Fass ist dort
Sud je pod o-knem

Regine.
Bětuška.
mf
euch nicht rau-ben ihn, nein, nein, ich geh' nicht hin; will euch nicht rau - ben
Vždyt' vás v ú - ctě mám, ne, ne, ne-půj - du tam; že___ vás v ú - ctě,
Die Gräfin.
Kněžna.
mf
Es ist ja mein Ge-
Vždyt' to je můj
mf
ihn, nicht rau - ben ihn, nein, nein, ich geh' nicht hin.
v ú - ctě že mám, ne, ne, ne - pů - jdu, ne - pů - jdu tam.
mahl, ja mein Ge - mahl, hast kei - ne frei - - e Wahl.
choť, vždyt' to je můj choť, pro - to, pro - to tam ne - choď.
pp
Bertha.
pp
Ja, das Fass ist dort ganz am richt'gen Ort, steigt er drauf, dann wie ein Klum-pen
Sud je pod o - knem, pr - kýnko na něm, až pak na to pr - kno vstou-pne
Gertrude. Veruna.
pp
Ja, das Fass ist dort ganz am richt'gen Ort, steigt er drauf, dann wie ein Klum-pen
Sud je pod o - knem, pr - kýnko na něm, až pak na to pr - kno vstou-pne

Regine
Bětuška

mf

Wird er Ein - sicht dann ge - win - nen, mög' er kei - nen
Až na je - vo vy - jde zra - da, at' se s vá - mi

mf Die Gräfin. Kněžna.

Wer ich bin, soll er dann hö - ren, wird er ei - nen
Kdo jsem, já mu ne - dám há - dat, po - lí - bek až bu - de

mf Bertha.

soll er hin - ein auch plum - pen, gleich hin - ein plum - pen, gleich hin - ein
s ně - ho se do su - du shou - pne, do su - du shou - pne, do su - du

mf Gertrude. Veruna.

soll er hin - ein auch plum - pen, gleich hin - ein plum - pen, gleich hin - ein
s ně - ho se do su - du shou - pne, do su - du shou - pne, do su - du

mf

pp *poco a poco cre - - - - -*

Streit be - gin - nen, wird er Ein - sicht dann ge - win - nen
ne - po - há - dá až na je - vo vy - jde zra - da,

pp

Kuss be - geh - ren, kriegt er un - ga - lant Ei - ne mit der
žá - dat, mí - sto hu - bi - ček dám mu po - lí - ček, mí - sto

pp *poco a poco cre - - - - -*

plum - - pen, steigt er drauf dann, wie ein Klum - pen
shou - - pne, až pak na to pr - kno vstou - pne

pp

plum - - pen, steigt er drauf dann, wie ein Klum - pen
shou - - pne, až pak na to pr - kno vstou - pne

pp *poco a poco cre - - - - -*

- - scen - - - - - - - do - - f
möǵ er kei - nen, möǵ er kei - nen Streit
at' se s vá - mi, at' se s vá - mi, s vá - - - - - -
Hand, kriegt er un - ga - lant Ei - ne mit der Hand,
hu - bi - ček dám mu po - lí - ček, dám mu, dám
- - scen - - - - - - - do - - f
soll er hin - ein auch plum - pen, soll er hin - ein, soll hin - ein er auch
s ně - ho do su - du se shou - pne, do su - du, do su - du, do su - du
soll er hin - ein auch plum - pen, soll er hin - ein, soll hin - ein er auch
s ně - ho do su - du se shou - pne, do su - du, do su - du, do su - du
- - scen - - - - - - do - - f
be - gin - nen dann, nicht schelten mit euch,
- - mi ne - po - há - - dá vás ne - u - ho - dí,
Ei - ne mit der Hand, er kriegt ungalant
po - lí - ček, po - lí - ček dám mí - sto hubi - ček
plum - - - - - - pen unser lieber Jean ja, der arme Mann,
shou - - - - - - pne ce - lý po - le - kán vše - te - čný pan Jean,
plum - - - - - - pen unser lieber Jean ja, der arme Mann,
shou - - - - - - pne ce - lý po - le - kán vše - te - čný pan Jean,

ritard.
mir scha-den zu-gleich, schel-ten nicht mit euch, scha-den mir zu-
mně ne-u-ško-dí, vás ne-u-ho-dí, mně ne-u-ško-
Ei-ne mit der Hand, er kriegt un-ga-lant Ei-ne mit der
dám mu po-li-ček, mí-sto hu-bi-ček po-li-ček mu
un-ser lie-ber Jean, ja, der ar-me
ce-lý po-te-kán vše-te-čný pan
p
pp
a tempo
gleich. Doch wir Al-le, doch wir Al-le, soll's ge-
dí. My pak svor-ně, my pak svor-ně spo-lu
Hand. Ihr je-doch, soll's uns ge-lin-gen, wollt nicht säu-men, wollt mir eu-re Hül-fe
dám. Vy pak svor-ně spo-lu stůj-te, a svou kně-žnu, a svou kně-žnu pod-po-
Mann. Doch wir Al-le, doch wir Al-le, soll's ge-
Jean. My pak svor-ně, my pak svor-ně spo-lu
pp

dei - hen, hel - fen stra - fen sei - nen
stůj - me, že chce ztre - stat mu - že
lei - hen, wol - let mir bie - ten freundlich die Hand, um zu stra - fen sei - nen
ruj - te v tom je - jí sva - tém, v tom sva - tém zá - mě - ru, že chce ztre - stat mu - že
dei - hen, hel - fen stra - fen sei - nen
stůj - me, že chce ztre - stat mu - že
dei - hen, hel - fen stra - fen sei - nen
stůj - me, že chce ztre - stat mu - že
ritard.
a tempo
Un - bestand, hel - fen stra - fen sei - nen Un - bestand. Doch wir
ne - vě - ru, že chce ztre - stat mu - že ne - vě - ru. My pak
Un - bestand, um zu stra - fen sei - nen Un - bestand. Doch ihr bei - de,
ne - vě - ru, že chce ztre - stat mu - že ne - vě - ru. Vy pak svor - ně
Un - bestand, hel - fen stra - fen sei - nen Un - bestand. Doch wir Al - le
ne - vě - ru, že chce ztre - stat mu - že ne - vě - ru. My pak svor - ně
Un - bestand, hel - fen stra - fen sei - nen Un - bestand. Doch wir
ne - vě - ru, že chce ztre - stat mu - že ne - vě - ru. My pak
a tempo
fz
ritard.
p

Al - le wol - len euch nun Hül - fe
svor - ně, my pak svor - ně spo - lu
doch ihr bei - de, soll's ge - dei - hen, wollt mir eu - re Hül - fe
vy pak svor - ně spo - lu stůj - te, a svou kně - žnu, pod - po -
doch wir Al - le, soll's ge - dei - hen, wol - len euch nun Hül - fe
my pak svor - ně spo - lu stůj - me, my pak svor - ně spo - lu
Al - le wol - len euch nun Hül - fe
svor - ně, my pak svor - ně spo - lu
fz
lei - hen, wol - len euch nun Hül - fe lei - - - hen, um zu
stůj - me, a svou kně - žnu pod - po - ruj - - - - me že chce
lei - hen, wollt mir bie - ten eu - re treu - - e Hand, um zu stra - fen sei - nen
ruj - te v tom - to sva - tém je - jí zá - - mě - ru, že chce ztre - stat je - ho
lei - hen, wol - len bie - ten euch die treu - - e Hand, um zu stra - fen sei - nen
stůj - me, v tom - to sva - tém je - jí zá - - mě - ru, že chce ztre - stat je - ho
lei - hen, wol - len euch nun Hül - fe lei - - - hen, um zu
stůj - me, a svou kně - žnu pod - po - ruj - - - - me že chce
fz
fz
cre.

f
stra - fen sei - nen Un-bestand, um zu stra - - fen sei - - nen Un-bestand.
ztre - stat mu - že ne-vě-ru, že chce ztre - - stat mu - - že ne-vě-ru.
Unbestand, um zu stra - fen sei - nen Un-bestand. Doch ihr
ne-vě-ru, že chce ztre - stat je - ho ne-vě-ru. Vy pak
Unbestand, um zu stra - fen sei - nen Un-bestand. Doch wir
ne-vě-ru, že chce ztre - stat je ho ne-vě-ru. My pak
stra - fen sei - nen Un-bestand, um zu stra - - fen sei - - nen Un-bestand.
ztre - stat mu - že ne-vě-ru, že chce ztre - - stat mu - - žu ne-vě-ru.
scen - - do
f
ff
Doch wir Al - le helfen euch nun stra - - fen
My pak svorně spo-lu stůj - - - me ztre - - - stat
ff
bei - de, soll's ge-deihen, helft mir stra - - fen
svor - ně spo - lu stůjme, ztre - - - stat, ztre - - stat
ff
Al - le, soll's ge-deihen, hel - - fen stra - - fen
svor - ně spo - lu stůjme, ztre - - - stat, ztre - - - stat
ff
Doch wir Al - le helfen euch nun stra - - fen
My pak svorně spo-lu stůj - - - me ztre - - - stat
8

sei-nen Un-bestand, hel - fen stra - fen, hel - fen
mu-že ne-vě-ru ztre - stat mu - že, ztre - stat
sei-nen Un-bestand, helft mir stra - fen, helft mir stra - fen,
mu-že ne-vě-ru ztre - stat mu - že, ztrestat mu - ze,
sei-nen Un-bestand, hel - fen stra - fen, hel-fen stra - fen,
mu-že ne-vě-ru, ztre - stat mu - že, ztrestat mu - že,
sei-nen Un-bestand, hel - fen stra - fen, hel - fen
mu-že ne-vě-ru, ztre - stat mu - že, ztre - stat
stra - fen, hel - fen stra - fen, stra - - - - - -
mu - že, ztre - stat mu - že, ztre - - - - - -
helft mir stra - fen, helft mir stra-fen, stra - - - - - -
ztre - stat mu - že, ztre-stat mu-že, ztre - - - - - -
hel - fen stra - fen, hel - fen stra-fen, stra - - - - - -
ztre-stat mu - že, ztre-stat mu-že, ztre - - - - - -
stra - fen, hel - fen stra - fen, stra - - - - - -
mu - že, ztre - stat mu - že, ztre - - - - - -

fen, stra - fen sei - nen Un - be - stand; wollen
stat, ztre - stat mu - že ne - vě - ru, my pak
fen, strafen, stra - fen sei - nen Un - be - stand; wollt mir eu - re
stat, ztrestat mu - že ne - vě - ru, vy pak svor nĕ
fen, strafen, stra - fen sei - nen Un - be - stand; wol - len euch nun
stat, ztrestat mu - že ne - vě - ru, my pak svor nĕ
fen, stra - fen sei - nen Un - be - stand; wol - len
stat, ztre - stat mu - že ne - vě - ru; my pak
euch nun Hül - fe - lei - hen, um zu stra - fen, stra - fen sei - nen
svor - nĕ spo - lu stuj - me, ztrestat mu - že, ztrestat je - ho
Hül - fe lei - hen, um zu stra - fen, um zu stra - fen sei - nen
spo - lu stůj - te ztrestat mu - že, ztrestat mu - že, mu - že
Hül - fe lei - hen, um zu stra - fen, um zu stra - fen sei - nen
spo - lu stuj - te ztrestat mu - že, ztrestat mu - že, mu - že
euch nun Hül - fe lei - hen, um zu stra - fen, stra - fen sei - nen
svor - nĕ spo - lu stůj - me ztre - stat, ztre - stat, ztre - stat mu - že

Un-bestand.
ne-vè-ru.
Un-bestand.
ne-vè-ru.
Un-bestand.
ne-vè-ru.
Un-bestand.
ne-vè-ru.

II. Akt.
Jednání II.

Ein geräumiger Hof auf Martin's Gute. Rechts ein einstöckiges Landhaus, links ein niedriges Gebäude. Im Hintergrunde rechts ragt die Ecke einer Scheuer vor, links ein Schuppen mit verschiedenem Landwirthschaftsgeräthe. Im Vordergrunde links zwei Fauteuils auf einem Teppiche. In der Mitte steht der Maibaum, ein hoher, schlanker Baum, dessen Zweige mit bunten Bandschleifen und Tüchern behängt sind, auf dessen Gipfel ein Geldbeutel sich befindet.

Prostranný dvůr na Martinově statku. Na pravé straně jednopatrové selské stavení, na levé podobné nižší stavení. V pozadí v pravo roh stodoly, v levo kůlna, pod níž složeny jsou různé hospodářské nástroje. V popředí v levo dvě křesla na koberci. Uprostřed jeviště máj, vysoký a štíhlý strom, jehož větve jsou ověnčeny pentlemi a šátky, a na jehož vrcholu je upevněn sáček s dukáty.

I. Auftritt. Der Graf und die Gräfin, in den Fauteuils sitzend, hinter ihnen Lakaien und Jäger; Bertha und Jean zu beiden Seiten ihrer Herschaften; Dorfmusikanten mit dem Schulmeister an der Spitze, Landvolk, darunter Gottlieb, Konrad, Martin, Regina und Gertrud.

Výstup I. Kníže a kněžna sedí v křeslech, za nimi stojí několik lokajů a myslivců. Berta a Jean stojí panstvu po boku. Muzikanti s kantorem v čele, selský lid, mezi nimi Jeník, Václav, Martin, Bětuška a Veruna.

Der Vorhang geht auf.
Opona vzhuru.

p

Ped. Ped. Ped. Ped.

Chor.

Sopr.
Seht den Maibaum hier vol-ler Pracht und Zier, wie ein Freier, statt-lich an-zu-

Alt.
Sto-ji, sto-ji máj vy-šper-ko-va-ný, ja-ko ňá-ký chla-pec bo-ha-

Ten.
Seht den Maibaum hier vol-ler Pracht und Zier, wie ein Freier, statt-lich an-zu-

Bass.
Sto-ji, sto-ji máj vy-šper-ko-va-ný, ja-ko ňá-ký chla-pec bo-ha-

mf

Ped. Ped. Ped. Ped. Ped. Ped. Ped.

p
schaun. Oben winkt so hold ei-ne Bör-se uns voll Gold, ringsum Tücher al-ler Tulpen-

p
tý; na vr-chol-ku má, na vr-cholku má du-ká-ty, ko-lem šát-ky ja-ko tu-li-

p
schaun. Oben winkt so hold ei-ne Bör-se uns voll Gold, ringsum Tücher al-ler Tulpen-

p
tý; na vr-chol-ku má, na vr-cholku má du-ká-ty, ko-lem šát-ky ja-ko tu-li-

p *cresc.*

Ped. Ped. Ped. Ped. Ped. Ped. Ped.

dim.
far - - ben; o-ben winkt so hold, ei-ne Bör-se uns voll Gold, rings-um Tücher
na vr-chol-ku má, na vr-cholku má du-ká-ty, ko-lem šát-ky,
pá - - ny; o - ben winkt so hold die Geld-bör - se uns!
na vr - chol-ku má vám du-ká - ty, má!
far - - ben; o - ben winkt so hold die Geld-bör - se, die Gold -
na vr - chol-ku má vám du-ká - ty, má, du -
pá - - ny; o - ben winkt so hold die Geld-bör - se uns!
na vr - chol-ku má vám du-ká - ty, má!
al-ler Tul-pen - far - - - ben.
ja-ko tu-li - pá - - - ny.
Tücher rings in al-len Tul-pen - far - - - ben.
ko-lem šát - ky ja-ko tu-li - pá - - - ny.
bör - se, Tü-cher rings in al-len Tul-pen - far - - -
ká - ty, ko-lem šát - ky ja-ko tu-li - pá - - -
die Gold - bör - se! Tü-cher rings in
má du - ká - ty, ko-lem šát - ky
pp
Obenwinkt voll
Na vr-cholku
ben.
ny.
al-len Tulpen - far - - ben
ja-ko tu-li - pá - - ny.
legatissimo sempre

8253

Gold die Bör - se, Tü-cher rings in al - len Tul - pen - far - - - - - ben.

má du - ka - ty, ko - lem šát - ky, ja - ko tu - li - pá - - - - - ny.

Graf. Kníže.

Auf dem Baum da dro - - - ben könnt ihr's Glück er - pro - -

Kdo z vás u - mí léz - - - ti, ten ať zku - si ště - -

pp

ben, wer zu klettern weiss, hol den Sieges - preis!

stí; všechno, co je tam, vod-mě-nu ma dám!

mf *ritard.*

Sopr. **Moderato.**

O, wenn dem Lieb - - - - sten schafft' die Lie - be

O, kdy - by ten můj mi - lý měl vso - bě

Alt.

O, wenn die Kraft er hät - te, zu klettern um die Wet - te, um auf den Baum zu ge - lan - gen,

O, kdy - by ten můj mi - lý měl to - lik vso - bě si - ly, by vy - lez' na máj ko - ša - tý,

Ten.

CHOR.

Bass.

Moderato.

p scherzando

Muth und Kraft, um auf des Bau-mes Wip-fel zu ge-
to-lik sí-ly, by vy-lez' na máj ko-ša-
hätt' ich das Al-ler-be-ste für al-le Jah-res-fe-ste,
já mě-la bych pak šát-ky pro vše-cky roč-ní svát-ky,
lan-gen, hätt' ich das Al-ler-be-ste für al-le Jah-res-fe-ste, wo-mit nur
tý, já mě-la bychpak šát-ky pro vše-cky roč-ní svát-ky a na krk
hätt' ich das Al-ler-be-ste für al-le Jah-res-fe-ste, wo-mit nur
já mě-la bych pak šát-ky pro vše-cky roč-ní svát-ky a na krk
(Die Mädchen stossen ihre Burschen zum Klettern an)
(Dívky pobízejí hochy, aby lezli na máj)
rei-che Mäd-chen pran-gen.
pě-kné du-ká-ty.
rei-che Mäd-chen pran-gen. So ver-such's doch, wag's auf al-le
pě-kné du-ká-ty. Vy-lez ho-nem, jen si do-dej
mf

So versuchs doch,wag's auf al-le Fäl-le, sonst sind wir geschieden,
Vy-lez ho-nem, jen si do-dej si-ly, sic tě na ho-li-čkách.
Fäl- - - -le, wag's auf al-le Fäl-le, wag's auf al-le Fäl-le,
si- - - -ly, sic tě ne-chám sic tě ne-chám na ho-li-čkách.
Ja, ich fürcht mich, ja, ich fürcht mich, ja, ich fürcht mich, bin zu trä-ge
já se bo-jím, já se bo-jím, já se bo-jím, že tam ne-vy-
sonst sind wir ge-schieden auf der Stel-le, so versuchs doch,wag's auf al-le Fäl-le,
sic tě ne-chám na ho-li-čkách v chví-li, vy-lez ho-nem, jen si do-dej si-ly,
sonst ge-schie-den, sonst sind wir ge-
sic tě ne-chám, sic tě ne-chám,
Ja, ich fürcht mich, ja, ich fürcht mich, bin zu trä-ge heu-te, ja, ich fürcht mich, bin zu trä-ge
já se bo-jím, já se bo-jím, že tam ne-vy-le-za, já se bo-jím, že tam ne-vy-
heu-te, ja, ich fürcht mich, ja, ich
le-zu, já se bo-jím, já se
so versuchs doch,wag's auf al-le Fäl-le, sonst sind wir ge-
vy-lez ho-nem, jen si do-dej si-ly, sic tě ne-chám
schie-den auf der Stel-le, sonst sind wir ge-
na ho-li-čkách v chví-li, sic tě ne-chám
heu-te, wie denn, wenn her-ab ich glei-te, wie denn, wenn her-ab ich wie-der glei-te,
le-zu, že po hla-vě se zas do-lu, že po hla-vě se zas do-lu své-zu.
fürcht mich, ja, ich fürcht mich dass her-ab ich
bo-jím, já se bo-jím, že se do-lu
cresc.

Unterdessen versucht es Einer, nach ihm ein Anderer, ohne den Gipfel zu erreichen; dem dritten gelingt es, die Börse zu erfassen, die er sogleich seinem Mädchen überbringt.

Zatím pokoušejí se dva z hochů marně nahoru vylézti; teprv třetímu se podaří dosíci sáčku, jejž dá jedné dívce.

Allegro molto.
Sopran.
Bist du doch ein gar zu fau-les Blut!
Že pîec kr-ve jsi tak le-ni-vé!
Alt.
Bist du doch ein gar zu fau-les Blut, bist du doch ein
Že pîec kr-ve jsi tak le-ni-vé, že pîec kr-ve
Allegro molto.
fp
cresc.
wä-rest du dort o-ben, wä-rest du der Er-ste dro-ben, könnt' ich jetzt schon
Kdy-bys ty byl vy-lez', kdy-bys ty byl vy-lez' nej-dřív, by-la bych již
gar zu fau-les Blut! wä-rest du der Er-ste hoch da dro-ben, könnt' ich jetzt schon,
jsi tak le-ni-vé! Kdy-bys, kdy-bys ty byl vy-lez nej-dřív, by-la bych již
ha-ben al-le je-ne Ga-ben, wä-rest du der Er-ste dro-ben,
mě-la, co jsem mí-ti, chtě-la, kdy-bys ty byl vy-lez' nej-dřív,
jetzt schon ha-ben, al-le, al-le je-ne Gaben, wä-rest du der Er-ste dro-ben,
by-la mě-la, co jsem mí-ti, co jsem chtěla, kdy-bys ty byl vy-lez' nej-dřív,
cresc.
könnt' ich jetzt schon ha-ben, al-le je-ne Ga-ben, könnt' ich jetzt schon
by-la bych již, mě-la, co jsem mí-ti, chtě-la, by-la bych již
könnt' ich jetzt schon jetzt schon ha-ben, al-le, al-le je-ne Ga-ben, könnt' ich jetzt schon
by-la bych již, by-la mě-la, co jsem mí-ti, co jsem chtě-la, by-la bych již
ff

ha - ben al - le je - ne Ga - - - - - - - - ben.
mě - la, co jsem mi - ti chtě - - - - - - - la.
ha - ben al - le je - ne Ga - - - - - - - - ben.
mě - la, co jsem mi - ti chtě - - - - - - - la.
Graf.
Kníže.
Allegro.
Recit.
Hört auf zu zan - ken! widmet euch nun ganz
Teď vá - dám vše - chněm ka - ždý vý - host dej
der Lustbarkeit und rei - het euch zum Tanz!
a vdo - vá - di - vý pusť - te již se rej!
Chor und Ballet. Sbor a balet.
Allegro. (quasi tempo di Polka.)
Sopran.
Im Tanze dre - het euch flink wie ein Räd - chen, im Tanze
Alt.
Do tance ve - se - le, do tan - ce či - - le, do tan - ce
Allegro. (quasi tempo di Polka.)

dre - het euch, tanzet und dre - het euch flink wie ein Mäd - chen, schnell hin - ein, in den Reihn,
ve - se - le, do tan - ce ve - se - le, do tan - ce či - le dej - me se ju - ná - ci
Burschen und Mäd - chen. Ein wack - rer Jun - ge hält sich im Schwunge, hält sich im
dív - či - ny mi - lé. Kdo švar - ný chla - pec, ne - se - dá za pec, ne - se - dá
Schwunge,
za pec.
p
pp

Im Tan-ze dre-het euch flink wie ein Räd-chen, im Tan-ze
Do tan-ce ve-se-le, do tan-ce či-le, do tan-ce
mf
8
dre-het euch, tan-zet und dre-het euch flink wie ein Räd-chen, flink wie ein
ve-se-le, do tan-ce ve-se-le, do tan-ce či-le, kdo švar-ný
8
Räd-chen, Burschen und Mäd-chen, flink wie ein Räd-chen, Bur-schen und Mäd-chen.
chla-pec, ne-se-dá za pec, kdo švar-ný chla-pec, ne-se-dá za pec.
3
f
di-mi-nu-en-do

p
dimin. sempre
pp
f rinf.
p
f
p
p
f
f
p
pp

p
mf
cresc.
f
pp
pp
cresc.
f
8253

dim.

Sopran.

Tan - zet und dre - het euch flink wie ein

Alt.

Do tan - ce ve - se - le, do tan - ce

8

mf

Räd - chen, tan - zet und dre - het euch, tanzet und drehet euch flink wie ein Rädchen,

či - le, do tan - ce ve - se - le, do tan - ce ve - se - le, do tan - ce či - le,

8

f

schnell hinein in den Reihn, tan - - zet und dre - het euch, Burschen und Mädchen!

do tan - ce ve - se - le dej - me se ju - ná - ci, dív - či - ny mi - lé.

fp *p*

Ein wack-rer Jun-ge hält sich im Schwunge, ein wack-rer

Kdo švar-ný chlapec, ne-se-dá za pec, kdo švar-ný

poco a poco cre - scen -

Jun-ge hält sich im Schwunge, ein wack-rer Jun-ge hält sich im Schwunge! Tanzet und

chla-pec, ne-se-dá za pec, kdo švarný chla-pec, ne-se-dá za pec, ne-se-dá,

- do - cre -

drehet euch, tanzet und drehet euch, blei-bet im Schwunge!

ne-se-dá, ne-se-dá, ne-se-dá, ne-se-dá za pec.

- scen - do

Sopr. **Presto.**

Tan-zet und dre-het euch flink wie ein Räd-chen, tan-zet und dre-het euch

Alt. Do tan-ce ve-se-le, do tan-ce či-le, do tan-ce ve-se-le,

Ten. Und du, Göt-ter-ga-be, un-ser Ger-sten-trank, stär-ke uns und la-be,

Bass. A ty, zla-té pi-vo, vzpě-niž na-ši krev, at' je tu jen ži-vo,

Presto.

ff

8

flink wie ein Räd - chen, schnell hin - ein in den Reihn, Bur - schen und Mädchen,
do tan - ce či - le dej - me se, ju - ná - ci, dív - či - ny mi - lé,
gieb uns Lust und Sang! Und du, Göt - ter - ga - be, un - ser Ger - stentrank,
ži - vo, sa - mý zpěv, a ty, zla - té pi - vo, vzpě - niž na - ši krev.

tan - zet und dre - het euch, tan - zet und dre - het euch, schnell hin - ein in den Reihn,
do tan - ce ve - se - le, do tan - ce ve - se - le, do tan - ce ve - se - le,
stär - ke uns und la - be, gieb uns Lust und Sang, stär - ke uns und la - be,
ať je tu jen ži - vo, ži - vo, sa - mý zpěv, ať je tu jen ži - vo,

schnell hin - ein in den Reihn, wa - cke - rer Jun - ge, halt dich im Schwun - ge!
do tan - ce ve - se - le, kdo švar - ný chla - pec, ne - se - dá za pec,
gieb uns Lust und Sang! O du Göt - ter - ga - be, stär - ke uns und la - be,
ži - vo, sa - mý zpěv, ať je tu jen ži - vo, ať je tu jen ži - vo.

Tan - zet und dre - het euch wa - cker, ihr Bur - schen und Mädchen!
ne - se - dá, ne - se - dá, ne - se - dá, ne - se - dá za pec!
stär - ke uns und la - be, gieb uns Lust zum Tanz und fro - hen Sang!
at' je tu jen ži - vo, at' je tu jen ži - vo, sa - mý zpěv!
Tempo di Polka.
(Im Hintergrunde erscheint der erste Tänzer mit seiner Tänzerin, tritt zu den Musikanten und giebt ihnen Geld.)
(Vpozadí objeví se první tanečník s tanečnicí, přistoupí k muzikantům a hodí jim peníze.)
Spielt uns
Hraj - te,
Tempo di Polka.
fp
mf
Stellt euch Al - le auf im Krei - se,
My pak u - dě - lej - me ko - lo,
ei - ne lust'- ge Wei - se!
mu - zi - kan - ti, só - lo!

dass wir hö - ren gut die Gei - gen, se - hen auch den So - lo - Rei - - - - gen!
at' vi - di - me tan - čit só - lo, at' vi - di - me tan - čit só - - - - - lo!
dass wir hö - ren gut die Gei - gen, se - hen auch den So - lo - Rei - - - - gen!
at' vi - di - me tan - čit só - lo, at' vi - di - me tan - čit só - - - - - lo!
tr
p
pp
f
p
f
p
p
dimin.

pp
pp
mf
un poco marc.
fp
p
cresc.
f
dimin.
Ossia.
p
pp

fp
mf
cresc.
f
ff
ff
ff
fp

p
Frisch nur in den Rei - gen, mit der Maid im Pak - te, Tanz-lust müsst ihr zei - gen,
He - zky po - dle no - ty dup - ně - te si na zem; jen ne - šetř - te bo - ty,
Frisch nur in den Rei - gen, mit der Maid im Pak - te, Tanz-lust müsst ihr zei - gen,
He - zky po - dle no - ty dup - ně - te si na zem; jen ne - šetř - te bo - ty.
tr
poco a poco accelerando
stampft nur auf im Tak - te! Frisch nur in den fro - hen
He - zky, he - zky po - dle
jen at' to jde rá - zem! Frisch nur in den Rei - gen, in den
He - zky, he - zky, he - zky po - dle
stampft nur auf im Tak - te! Vor - wärts, frisch nur in den
He - zky, he - zky, he - zky
jen at' to jde rá - zem! Vor - wärts, frisch nur in den
He - zky, he - zky po - dle
poco a poco accelerando
pp
f
Rei - gen, mit der Maid im Pak - te, stampft nur auf im Tak - te,
no - ty dup - ně - te si na zem, jen at' to jde rá - zem,
fro - hen Rei - gen, mit der Maid, ja mit der Maid im schö - nen Pak - te, stam - pfet
po - dle no - ty dup - ně - te si, dup - ně - te si, jen at' to jde rá - zem,
Rei - gen, mit der Maid, ja mit der Maid im schö - nen Pak - te, stampft nur auf im
no - ty dup - ně - te si, dup - ně - te si jen at' to jde, jen at' to jde
ff marcato

stam-pfet auf, ja, stam-pfet auf im Takt, im Takt, im Takt, im
jen at' to jde, jen at' to jde rá-zem, rá-zem, rá-zem.
auf, ja stampft nur auf im Tak-te, stam-pfet, stam-pfet auf im
jen at' to jde, jen at' to jde rá-zem, rá-zem, rá-zem,
Tak-te, stampft nur auf im Tak-te, stam-pfet, stam-pfet auf im
rá-zem, jen at' to jde rá-zem, rá-zem, rá-zem, rá-zem,
Tak-te! stampfet auf, ja stampfet auf, ja stampfet auf im Tak-te, im
rá-zem! jen at' to jde, jen at' to jde, jen at' to jde rá-zem,
Tak-te! stampfet auf, ja stampfet auf, ja stampfet auf im Tak-te, im
rá-zem! jen at' to jde, jen at' to jde, jen at' to jde rá-zem,
Tak-te, im Tak-te!
rá-zem, rá-zem!
Tak-te, im Tak-te!
rá-zem rá-zem!
secco

Der Graf.
Kníže.
Nun, aus sei der Tanz so won-ne-trun-ken! Die Son-ne ja ist
Již ko-nec vše-mu, dě-ti mi-lé, neb še-ří se a
p
pp
längst ge-sun-ken am Him-melszelt, dem schö-nen, rei-nen, die kla-ren Ster-
spán-ku chví-le se kvapným kro-kem v kraj náš blí-ží, an slan-ce tvář
-ne fun-kelnd schon er-schei-nen!
se vji-né svě-ty zhlí-ží!
ppp
Ped.
Tempo di valse, quasi l'istesso tempo.
Gottlieb.
Jeník.
(bei Seite.)
(stranou.)
Könnt' ich die Stun-den doch zwin-gen zu ei-len,
Kéž mi již za-ví-tá bla-že-ná chví-le,
Der Graf.
Kníže.
(bei Seite.)
(stranou.)
Könnt' ich doch die Stun-den zwin-gen zu ei-len
Kéž mi již za-ví-tá bla-že-ná chví-le,
Tempo di valse, quasi l'istesso tempo.
pp
fp

dass ich in ih - ren Ar - men könnt' wei - len, Lie - be im Her - zen, ko - sen und
bych v je - jím ná - ru - čí spo - či - nul mi - le, sai se již spo - jil, ža - lost svou
dass ich in ih - ren Ar - men könnt' wei - len, schweigen im sü - ssen Ko - sen und
bych ve tvém ná - ru - čí spo - či - nul mi - le, zlí - bal ti lí - čko zla - tá hol -
pp
pp
Regina.
Bětuška.
Könnt' ich die Stun - den doch zwin - gen zu ei - len, dass ich in
Kéž mi již za - vi - tá bla - že - ná chví - le, bych v je - ho
Die Gräfin.
Kněžna.
So bald die Zeit naht, dann oh - ne Ver - wei - len, wird mei - ne
Kéž mi již za - vi - tá bla - že - ná chví - le, bych té - chu
Bertha.
So bald die Zeit naht, dann oh - ne Ver - wei - len, wird mei - ne
Kéž mi již za - vi - tá bla - že - ná chví - le, bych té - chu
Gertrude.
Veruna.
War - te, du Schlaukopf, nur, oh - ne Ver - wei - len soll für die
Do - čkej jen, se - dlá - čku, do - čkej té chví le, klí - čku ti
scher - zen.
zho - jil.
Kü - ssen.
či - čko.
pp

sei - nen Ar - men könnt' wei - len, treu ihm er - - ge - ben fürs Gan - ze
ná - ru - čí spo - ča - la mi - le; kéž se s ním spo - jím, ža - lost svou
Ra - che ihn stra - fend er - ei - len, wird ihn er - schüttern, d'rum mag er
na - lez - la ve pom - sty dí - le, ztre - sta - la te - be, pom - sti - la
Ra - che ihn stra - fend er - ei - len, wird ihn er - schüttern, d'rum mag er
na - lez - la ve pom - sty dí - le, ztre - sta - la te - be, pom - sti - la
List dich die Stra - fe er - ei - len, all' dei - ne Plä - ne sicher nicht
za - drh - na ve zrád - ném dí - le a tvo - je hří - chy spla - tím - ti
Le - ben. Könnt' ich die Stun - den doch zwin - gen zu
zho - jím. Kéž mi již za - ví - tá bla - že - ná
zit - tern! Wär' doch nah' die Stun - de, ja, dann oh - ne Wei - len
se - be! Kéž mi již za - ví - tá bla - že - ná ta chví - le.
zit - tern! Wär' doch nah' die Stun - de, ja, dann oh - ne Wei - len
se - be! Kéž mi již za - ví - tá bla - že - ná ta chví - le.
wäh - ne!
smí - chy.
Gottl. Jeník.
Könnt' ich die Stun - den doch zwin - gen zu ei - len,
Kéž mi již za - ví - tá bla - že - ná chví - le.
Konrad. Václav.
Könnt' ich die Stun - den doch zwin - gen zu ei - len,
Kéž mi již za - ví - tá bla - že - ná chví - le.
Jean.
Könnt' ich die Stun - den doch zwin - gen zu ei - len,
Kéž mi již za - ví - tá bla - že - ná chví - le.
Der Graf. Kníže.
Könnt' ich die Stun - den doch zwin - gen zu ei - len,
Kéž mi již za - ví - tá bla - že - ná chví - le.
p
mf
Ped. Ped. Ped. Ped.

ei - len, dass ich in sei - - nen Ar - men könnt' wei - len,
chví - le, bych vje ho ná - - ru - či spo - ča - la mi - le,
wird ihn meine Rache, wird ihn meine Rache, wird ihn meine Rache stra - fend er - ei - len, wird ihn erschüttern,
bych těchu nalezla, bych těchu nalez - la, bych těchu nalez - la ve pomsty di - le, ztre - sta - la te - be,
wird ihn meine Rache, wird ihn meine Rache, wird ihn meine Rache stra - fend er - ei - len, wird ihn erschüttern,
bych těchu nalezla, bych těchu nalez - la, bych těchu nalez - la ve pomsty di - le, ztre - sta - la te - be.
dass ich in ih - - ren Ar - men könnt' wei - - len, dass ich in
bych vje - jim ná - ru - čí spo - či - nul mi - - le, bych vje - jim
dass ich in ih - - ren Ar - men könnt' wei - - len, dass ich in
bych vje - jim ná - ru - čí spo - či - nul mi - - le, bych vje - jim
dass ich in ih - - ren Ar - men könnt' wei - - len, dass ich in
bych ve tvém ná - - ru - čí spo - či - nul mi - - le, bych ve tvém
dass ich in ih - - ren Ar - men könnt' wei - - len, dass ich in
bych ve tvém ná - ru - čí spo - či - nul mi - - le, bych ve tvém
Martin.

dass ich in — sei - - nen Ar - men könnt' wei - - - - - - - -
bych vje - ho — ná - ru - čí spo - ča - la mi - - - - - - - -
d'rum mag er zit-tern, wird ihn erschüttern, d'rum mag er zit-tern! Wär' doch nur
pom - sti - la se - be, ztre-stala te - be, pom - sti - la se - be! Kéž mi již
d'rum mag er zit-tern, wird ihn erschüttern, d'rum mag er zit-tern! Wär' doch nur
pom - sti - la se - be, ztre-stala te - be, pom - sti - la se - be! Kéž mi již
ih - ren Ar - men könnt' wei - - len, dass sie doch blie - be
ná - ru - čí spo - či - nul mi - - le, sní se již spo - - jil,
ih - ren Ar - men könnt' wei - - len, dass sie doch blie - - be
ná - ru - či spo - či - nul mi - - le, sní se již spo - - jil,
ih - - ren Ar - men könnt' wei - - len, dass sie doch blie - - be
ná - ru - či spo - či - nul mi - - le, zli - bal ti li - - čko,
ih - - ren Ar - men könnt' wei - - len, dass sie doch blie - - be
ná - ru - čí spo - či - nul mi - - le, zli - bal ti li - - čko,
Wart' nur, ich will dei - ne
Do - čkej jen Je - ni - čku,

len, treu ihm er - ge - ben, treu ihm für's gan - ze
le kéž se s ním spo - jím, ža - lost svou, ža - lost svou
na - he schon, wär' doch nur na - he die se - li - ge, se - li - ge
za - vi - tá, kéž mi již za - ví - tá bla - že - ná, bla - že - ná
na - he schon, wär' doch nur na - he die se - li - ge, se - li - ge
za - ví - tá, kéž mi již za - vi - tá bla - že - ná, bla - že - ná
treu mir in Lie - be!
ža - lost svou zho - jil!
treu mir in Lie - be!
ža - lost svou zho - jil!
mein treu - es Mäg - de - lein, dass sie doch blie - be mein treu - es, mein ein - zi - ges
má zla - tá hol - či - čko, zlí - bat ti li - čko, má zla - tá, má zla - tá
e - wig in Lie - be mein!
má zla - tá hol - či - čko!
Lie - be schon hei - len!
do - čkej jen chví - le!
dimin.

Le - - ben.
zho - - jím.
Stun - de.
chví - li.
Stun - de.
chví - li.
War - te, du Schlaukopf, nur, oh - ne Ver - wei - len soll
Do - čkej jen, se - dlá - čku, do - čkej jen té chví - le,
Mäg - de - lein.
hol - čí - čko.
Wart' nur, ich will dei - ne Lie - be schon hei - len!
Do - čkej jen, Je - ní - čku, do - čkej jen té chví - le,
CHOR
Sopran. Alt.
Tan-zet, tan-zet, dreht euch flink, wie ein Rädchen tan-zet, tan-zet, dreht euch!
Do tan-ce ve - se - le, do tan - ce či - le, do tan-ce ve - se - le!
Tenor.
Tan-zet, tan-zet, dreht euch
Do tan-ce ve - se - le,
Bass.

Könnt' ich die
Kéž mi již
Für sei - ne Un - treu - e
Bych ztre - sta - la te - be,
Für sei - ne Un - treu - e
Bych ztre - sta - la te - be,
für dei - ne Rän - ke dich Stra - fe er - ei - len, al - le dei - ne Pläne
kli - čku ti za - drh - nu ve pom - sty di - le a two - je hři - chy
Könnt' ich die
Kéž mi již
Könnt' ich die
Kéž mi již
Könnt' ich doch die
Kéž mi již za -
Könnt' ich doch die
Kéž mi již za -
du sollst voll Scham nach Hau - se dann ei - - -
bys v je - jím ná - ru - čí spo - či - nul mi - - -
flink, wie ein Rädchen, tan - zet, tan - zet, dreht euch wie ein Rädchen flink.
do tan - ce či - le, do tan - ce ve - se - le do tan - ce či - le.
fp
Ped.

Stun - den doch zwin - gen zu ei - - - - len,
za - ví - tá bla - že - ná chví - - - - - le,

fühl' er dann Reu - e!
pom - - sti - la se - be,

fühl' er dann Reu - e!
pom - - sti - la se - be,

si - cher nicht wäh - - - - ne! Stra - fe für
spla - tím ti smí - - - - - chy! Kli - čku ti

Stun - den doch zwin - gen zu ei - - - - - len,
za - ví - tá bla - že - ná chví - - - - - le,

Stun - den doch zwin - gen zu ei - - - - - len,
za - ví - tá bla - že - ná chví - - - - - le,

Stun - - - den zwin - - - gen zu ei - - - -
ví - - - tá bla - - - že - - - - ná chví - - - -

Stun - - - den zwin - - - gen zu ei - - - -
ví - - - tá bla - - - že - - - ná chví - - - -

- - - - - len! War - te nur, Tau - ge - nichts,
- - - - - le, do - čkej jen té chví - le,

Tan-zet, tan-zet, dreht euch flink, wie ein Räd-chen,
Do tan-ce ve - se - le, do tan - ce či - le

pp

dass ich in sei - nen, in sei - nen Ar - men könnt'
bych v je - ho ná - ru - či spo - ča - la, spo - ča - - la
dei - ne List, Stra - fe für dei - ne List soll dich er -
za - drh - nu, kli - čku ti za - drh - nu ve zrád - ném
dass ich in ih - ren, in ih - ren Ar - men könnt'
bych v je - jím ná - ru - či spo - či - nul, spo - či - nul
dass ich in ih - ren, in ih - ren Ar - men könnt'
bych v je - jím ná - ru - či spo - či - nul, spo - či - nul
len!
le.
len!
le.
bü - ssen da drin-nen sollst dein Be-gin-nen, bü - ssen da drin-nen sollst dein Be-gin-nen!
však já tě ztre-stám, jen ty si vlez tam, však já tě ztre-stám, jen ty si vlez tam,
tan-zet, tan-zet, dreht euch!
do tan - ce ve - se - le!
Tan-zet, tan-zet, dreht euch flink, wie ein Räd-chen, tan-zet, tan-zet, dreht euch!
Do tan - ce ve - se - le, do tan - ce či - le, do tan - ce ve - se - le!

wei - - - - - - - - - - len!
mi - - - - - - - - - - le!
So bald die Zeit naht, dann oh - - ne Ver - wei - - len soll
Kéž mi již za - - ví - - tá bla - - že - - ná chví - - le, bych
So bald die Zeit naht, dann oh - - ne Ver - wei - - len soll
Kéž mi již za - - ví - - tá bla - - že - - ná chví - - le, bych
ei - - - - - - - - - - len!
dí - - - - - - - - - - le!
wei - - - - - - - - - - len,
mi - - - - - - - - - - le,
wei - - - - - - - - - - len,
mi - - - - - - - - - - le,
Dass ich in dei - - nen Ar - - men könnt' wei - - len,
Bych ve tvém ná - - ru - čí spo - - či - nul mi - - le,
Komm' nur her, ich lass' sprin-gen dich in's Fass, komm' nur her, ich lass' sprin-gen dich in's Fass,
však já tě ztre-stám, jen ty si vlez tam, však já tě ztre-stám, jen ty si vlez tam,
Ein wack'- rer Jun - - - ge hält sich im Schwun - - - ge,
Kdo švar - ný chla - - - pec ne - - se - - dá za pec,

Treu ihm er - ge - - hen für's gan - - ze, gan - - ze
Kéž se s ním spo - - jím, ža - - lost svou

mei - - - - - - - - - - - - - ne
tě - - - - - - - - - - - - - chu na

mei - - - - - - - - - - - - - ne
tě - - - - - - - - - - - - - chu na

dass ich in ih - - ren Ar - men könnt' wei - - len,
bych v je - jím ná - ru - či spo - či - nul mi - - le,

dass ich in ih - - ren Ar - men könnt' wei - - len,
bych v je - jím ná - ru - či spo - či - nul mi - - le,

Dass ich in dei - nen Armen könnt' ver - wei - len, und ko - sen, küs - sen dich, hol - des
Bych ve tvém ná - ru - či spo - či - nul mi - - le, zli - bal ti li - - čko, má zla - tá

und ko - sen, küs - sen dich, hol - des Mäg - de - lein, und ko - sen, küs - sen dich, hol - des
zli - bal ti li - čko má zla - tá hol - či - čko, zli - bal ti li - čko, má zla - tá

komm' nur her, ich lass' sprin - gen dich in's Fass, komm' nur her, ich lass' sprin - gen dich in's Fass,
však já tě ztrestám, jen ty si vlez tam, však já tě ztrestám, však já tě ztrestám,

ein wack - rer Jun - - ge hält sich im Schwun - - ge,

kdo švar - ný chla - - pec, ne - se - dá za pec,

poco a poco cre - scen - do

Le - - - - - - - - ben, treu
zho - - - - - - - - jím, kéž
Ra - - - - - - - - - - - - - che,
le - - - - - - - - - - - - - zla,
Ra - - - - - - - - - - - - - che,
le - - - - - - - - - - - - - zla,
All' dei - ne Plä - ne nicht si - cher wäh - ne, all' dei - ne Plä - ne nicht si - cher
za tvo - je hří - chy spla - tím ti smí - chy, za tvo - je hří - chy spla - tím ti
dass sie doch blie - - - - - be,
s ní se již spo - - - - - jil,
dass sie doch blie - - - - - be,
s ní se již spo - - - - - jil,
Mäg - de - lein, und ko - sen, küs - sen dich, hol - des Mäg - de - lein, ja ko - sen, küs - sen dich, hol - des
hol - či - čko, zlí - bal ti lí - čko, má zla - tá hol - či - čko, zlí - bal ti lí - čko, má zla - tá
Mäg - de - lein, und ko - sen, küs - sen dich, hol - des Mäg - de - lein, ja ko - sen, küs - sen dich, hol - des
hol - či - čko, zlí - bal ti lí - čko, má zla - tá hol - či - čko, zlí - bal ti lí - čko, má zla - tá
ja, komm nur! Sollst bü - ssen drinnen für dein Be - gin - nen!
však já tě, však já tě ztrestám, jen ty si vlez tam,
ein wack - rer Jun - - ge hält sich im Schwun - - ge.
kdo švar - ný chla - - pec, ne - se - dí za pec.
mf
cresc.

soll ihn mei-ne Ra-che stra - fend er - ei - len, soll ihn mei-ne Ra-che stra - fend er - ei - len,
bych tě-chu na-lez-la ve pom-sty di - le, bych tě-chu na-lez-la ve pom-sty di - le,

soll ihn mei-ne Ra-che stra - fend er - ei - len, soll ihn mei-ne Ra-che stra - fend er - ei - len,
bych tě-chu na-lez-la ve pom-sty di - le, bych tě-chu na-lez-la ve pom-sty di - le,

wäh - ne, all' dei-ne Plä - ne nicht si-cher wäh - ne, all' dei-ne Plä - ne nicht si-cher
smí - chy za tvo-je hří - chy zplatím ti smí - chy za tvo-je hří - chy zplatím ti

dass sie doch blie - - - be treu mir in Lie - - - be,
s ní se již spo - - - jil, ža - lost svou zho - - - jil,

dass sie doch blie - - - be treu mir in Lie - - - be,
s ní se již spo - - - jil, ža - lost svou zho - - - jil,

Mäg-de-lein, ja ko-sen, küs - sen dich, holdes Mäg-de-lein, ja ko-sen, küs - sen dich, holdes
hol-či-čko, zlí-bal ti lí - čko, má zla-tá, má zla-tá hol-či-čko, zlí - bal ti lí-čko,

Mäg-de-lein, ja ko-sen, küs - sen dich, holdes Mäg-de-lein, ja ko-sen, küs - sen dich, holdes
hol-či-čko, zlí-bal ti lí - čko, má zla-tá, má zla-tá hol-či-čko, zlí - bal ti lí-čko,

Komm' nur her, ich lass' sprin-gen dich in's Fass, komm' nur her, ich lass' sprin-gen dich in's Fass,
však já tě ztrestám, jen ty si vlez tam, však já tě ztrestám, jen ty si vlez tam,

Tan - zet_ und dre - het_ euch, tan - zet_ und dre - het_ euch,

Do tan - ce ve - se - le, do tan - ce ve - se - le,

f

ihm er - - - - ge - - - - - - - ben
s ním se spo - - - - - - - - jím,
zit - tern mag er dann, der treu-lo-se Mann, zit - tern mag er dann, der treu-lo-se Mann,
ztre - sta - la te - be, pom - sti - la se - be, ztre - sta - la te - be, pom - sti - la se - be,
zit - tern mag er dann, der treu-lo-se Mann, zit - tern mag er dann, der treu-lo-se Mann,
ztre - sta - la te - be, pom - sti - la se - be, ztre - sta - la te - be, pom - sti - la se - be,
wäh - ne, all' dei-ne Plä - ne nicht si-cher wäh - ne, all' dei-ne Plä - ne nicht si-cher
smí - chy a tvo-je hří - chy splatím ti, smí - chy a tvo-je hří - chy splatím ti
treu mir in Lie - - - - - - - be,
sní se již spo - - - - - - - - jil,
treu mir in Lie - - - - - - - be,
sní se již spo - - - - - - - - jil,
Mäg-de-lein, dich ko-sen, küs - sen dich, holdes Mäg-de-lein, dich ko-sen, küs - sen dich, holdes
má zla-tá hol-či-čko, zlí - bal ti lí-čko, má zla-tá hol-či-čko, lí - čko, má zla-tá
Mäg-de-lein, dich ko-sen, küs - sen dich, holdes Mäg-de-lein, dich ko-sen, küs - sen dich, holdes
má zla-tá hol-či-čko, zlí - bal ti lí-čko, má zla-tá hol-či-čko, lí - čko, má zla-tá
komm' nur her, ich lass' springen dich in's Fass, komm' nur her, ich lass' springen dich in's Fass,
však já tě ztrestám, jen ty si vlez tam, však já tě ztrestám, jen ty si vlez tam,
tan - zet und dre - het euch, tan - zet und dre - het euch,
do tan - ce ve - se - le, do tan - ce ve - se - le,
ff

fürs gan - ze Le -
ža - lost svou zho -
zit - tern mag er dann, der treu - lo - se Mann!
ztre - sta - la te - be, pom - sti - la se - be!
zit - tern mag er dann, der treu - lo - se Mann!
ztre - sta - la te - be, pom - sti - la se - be!
wäh - ne!
smí - chy.
treu mir in Lie -
ža - lost svou zho -
treu mir in Lie -
ža - lost svou zho -
Mäg - de - lein, mein hol - des Mäg - de - lein, se - lig vor
hol - či - čko, má zla - tá hol - či - čko, zlí - bal ti
Mäg - de - lein, mein hol - des Mäg - de - lein, se - lig vor
hol - či - čko, má zla - tá hol - či - čko, zlí - bal ti
komm' nur her, ich lass' sprin - gen dich in's Fass, komm' nur her, ich lass' sprin - gen dich in's Fass,
však já tě ztre - stám, jen ty si vlez tam, však já tě ztre - stám, jen ty si vlez tam,
wie ein Rädchen flink, wie ein Rädchen flink,
do tan - ce či - le, do tan - ce či - le,
ff

ben. Könnt' ich die
jím. Kéž mi již

Zit-tern mag er dann, der treu-lo-se Mann! So bald die
Ztre-sta-la te-be, pom-sti-la se-be! Kéž mi již

Zit-tern mag er dann, der treu-lo-se Mann! So bald die
Ztre-sta-la te-be, pom-sti-la se-be! Kéž mi již

War-te, du
Do-čkej jen

be! Könnt' ich die
jil. Kéž mi již

be! Könnt' ich die
jil. Kéž mi již

Lie - - - - - - - - - be! Könnt' ich die
li - - - - - - - - - čko. Kéž mi již

Lie - - - - - - - - - be! Könnt' ich die
li - - - - - - - - - čko. Kéž mi již

komm' nur her, ich lass' sprin-gen dich in's Fass! Wart' nur, ich
však já tě ztre-stám, však já tě ztre-stám! Do-čkej jen

p
wie ein Rädchen flink, wie ein Rädchen flink! Tan-zet und

p
do tan-ce či-le, do tan-ce či-le! Do tan-ce

p

fp pp f

Stun - den doch zwin - gen zu - ei - len, dass ich in sei - nen Ar - men könnt'
za - ví - tá bla - že - ná chví - le, bych v je - ho ná - ru - čí spo - ča - la
Zeit naht, dann oh - ne Ver - wei - len, wird mei - ne Ra - che ihn stra - fend er -
za - ví - tá bla - že - ná chví - le, bych tě - chu na - lez - la ve pom - sty
Zeit naht, dann oh - ne Ver - wei - len, wird mei - ne Ra - che ihn stra - fend er -
za - ví - tá bla - že - ná chví - le, bych tě - chu na - lez - la ve pom - sty
Schlau - kopf, nur oh - ne Ver - wei - len soll für die List dich die Stra - fe er -
se - dlá - čku do - čkej té chví - le, kli - čku ti za - drh - nu ve zrád - ném
Stun - den doch zwin - gen zu ei - len, dass ich in ih - ren Ar - men könnt'
za - ví - tá bla - že - ná chví - le, bych v je - jím ná - ru - čí spo - či - nul
Stun - den doch zwin - gen zu ei - len, dass ich in ih - ren Ar - men könnt'
za - ví - ta bla - že - ná chví - le, bych v je - jím ná - ru - čí spo - či - nul
Stun - den doch zwin - gen zu ei - len, dass ich in dei - nen Ar - men könnt'
za - ví - tá bla - že - ná chví - le, bych ve - tvém ná - ru - čí spo - či - nul
Stun - den doch zwin - gen zu ei - len, dass ich in dei - nen Ar - men könnt'
za - ví - tá bla - že - ná chví - le, bych ve - tvém ná - ru - čí spo - či - nul
will dei - ne Lie - be schon hei - len, du sollst voll Scham nach Hau - se dann
Je - ní - čku, do - čkej té chví - le, bys v je - jím ná - ru - čí spo - či - nul
dre - het euch flink, wie ein Räd - chen, schnell hin - ein in den Reih'n, Bur - schen und
ve - se - le, do tan - ce či - le, ne - zmař - me je - di - né bla - že - né

wei - len, treu ihm er - ge - - - ben fürs gan - ze
mi - le, kéž se s ním spo - - jím, ža - lost svou
ei - len, wird ihn er - schüt - tern, d'rum mag er - zit - tern, für die Un -
dí - le, stre - sta - la te - be, pom - sti - la se - be, stre - sta - la
ei - len, wird ihn er - schüt - tern, d'rum mag er - zit - tern, für die Un -
dí - le, stre - sta - la te - be, pom - sti - la se - be, stre - sta - la
ei - len. War - te, du Schlau - kopf, nur, Stra - fe soll
dí - le. Do - čkej jen, se - dlá - čku, do - čkej jen,
wei - len, dass sie doch blie - - - be treu mir in
mi - le, s ní se již spo - - - jil ža - lost svou
wei - len, dass sie doch blie - - - be treu mir in
mi - le, s ní se již spo - - - jil ža - lost svou
wei - len, ko - sen und küs - - - sen dich, hol - des
mi - le, zlí - bal ti lí - - - čko, má zla - tá
wei - len, ko - sen und küs - - - sen dich, hol - des
mi - le, zlí - bal ti lí - - - čko, má zla - tá
ei - len, bü - ssen da drin - nen sollst dein Be -
mi - le, však já tě ztre - stám, jen ty si
Mäd - chen! Ein wack - rer Jun - - - ge hält sich im
chví - le kdo švar - ný chla - - - pec, ne - se - dá

Le - - - ben, treu ihm in Lie - - - - - be!
zho - - - jím, ža - - lost svou zho - - - - - jím!
treu - e fühl' er dann Reu - - - - - - e!
te - be, pomsti - la se - - - - - - be!
treu - e fühl' er dann Reu - - - - - - e!
te - be, pomsti - la se - - - - - - be!
bald schon dich er ei - - - - - - len!
do - čkej jen té chví - - - - - - le!
Lie - - - be, treu mir in Lie - - - - - be!
zho - - - jil, ža - - lost svou zho - - - - - jil!
Lie - - - be, treu mir in Lie - - - - - be!
zho - - - jil, ža - - lost svou zho - - - - - jil!
Mäg - - de - lein, mein hol - des Mäg - de - lein!
hol - - či - čko, má zla - tá hol - či - čko!
Mäg - - de - lein, mein hol - des Mäg - de - lein!
hol - - či - čko, má zla - tá hol - či - čko!
ginnen in dem gro - - ssen Fass!
vleztam, jen ty si vlez tam!
Schwun - - ge, hält sich im Schwunge, ja, wacker im Schwunge, im Schwunge, im Schwunge!
za pec, ne - se - dá ne - se - dá, ne - se - dá za pec, za pec, za pec.
dimin.

Graf. Kníže.
Nun mei - ne Lie - ben, gu - te Nacht! Der Schlaf
Nuž, mo - ji mi - lí, do - brou noc! Sen
pp
mö - ge sanft euch nun um - fan - gen! sei - ne ge - heim - niss - vol - le
roz - pni - nad vá - mi svá kří - dla a ta - ju - pl - ná je - ho
cresc.
Macht lass' träu - mend euch zum Glück ge - lan - gen!
moc svých kou - zel o - te - vři vám ží - dla!
dim.
pp
(Geht ab mit der Gräfin; ihnen folgen Jean, Bertha und die Schlossdienerschaft.)
(Odejde s kněžnou, za nimi Jean, Berta a služebnictvo ze zámku.)
Martin.
Büssen da drinnen
Však já tě ztrestám,
sollst dein Be - gin - nen, büssen da drin - nen sollst dein Be -
jen ty si vlez tam, však já tě ztre - stám, jen ty si vlez

Gertrude (bei Seite)
Veruna (stranou)
War-te, du Schlankopf, nur, oh-ne Ver-wei-len soll dich wohl-ver-dien-te
Do-čkej jen, se-dlá-čku, do-čkej tě chví-le, klí-čku ti za-drh-nu
gin-nen, in dem grossen Fass. Wart' nur, ich
tam, však já tě ztre-stám. Do-čkej jen
pp
Stra-fe er-ei-len, soll dich wohl-ver-dien-te Stra-fe er-ei-len; all' dei-ne
ve zrád-ném dí-le, klí-čku ti za-drh-nu ve zrád-ném dí-le, a tvo-je
will dei-ne Lie-be schon hei-len! büssen da drin-nen
Je-ní-čku, do-čkej tě chví-le, však já tě ztre-stám,
Plä-ne si-cher nicht wäh-ne!
hří-chy spla-tím ti smá-chy!
sollst dein Be-gin-nen, büssen da drin-nen, sollst dein Be-gin-nen!
však já tě ztre-stám, však já tě ztre-stám, jen ty si vlez tam!
cre-
(Gertrude geht dem Grafen nach, Martin u. Konrad in entgegengesetzter Richtung ab.)
(Veruna odejde za knížetem, Martin s Václavem opačnou stranou.)
scen-do
f
Allegro. (Die Burschen u. Mädchen versammeln sich am Maibaum.)
(Hoši a děvčata se shromáždí kolem máje.)
p
con Ped. sempre

Sopr.
Alt. Grabt ihn aus nach al - ter Sit - te, tragt ihn ju - belnd nach der Schenke, wo uns winkt ein
Ten. Vy - kop - te ho po - dle zvy - ku, od - ne - ste ho do ho - spo - dy, do ho - spo - dy
Bass.
Chor.
mf
Fest - ge - la - ge, wo uns winkt ein Fest - ge - la - ge, Ju - bel - lie - der,
na mu - zi - ku, do ho - spo - dy na mu - zi - ku, kde bu - dem mit
Tragt ihn ju - belnd
Od - ne - ste ho
Grabt ihn aus nach al - ter Sit - te,
Vy - kop - te ho po - dle zvy - ku
p
tol - le Schwän - ke, wo uns winkt ein Fest - ge - la - ge, wo uns winkt ein
slav - né ho - dy, do ho - spo - dy na mu - zi - ku, do ho - spo - dy
nach der Schen - ke, nach der Schen - ke, wo uns winkt ein
do ho - spo - dy, do ho - spo - dy, do ho - spo - dy
tragt ihn ju - belnd nach der Schenke, wo uns winkt ein Fest - ge - la - ge, wo uns winkt ein
od - ne - ste ho do ho - spo - dy, do ho - spo - dy na mu - zi - ku, do ho - spo - dy
fz

Fest-ge-la-ge, Ju-bel-lie-der, Ju-bel-lie-der, tol - le Schwän - - ke!
na mu-zi-ku, kde bu-dem mít, kde bu-dem mít, slav - né ho - - - dy.
Fest-ge-la-ge, Ju-bel-lie-der, Ju-bel-lie-der, tol - le Schwän - - ke!
na mu-zi-ku, kde bu-dem mít, kde bu-dem mít, slav - né ho - - - dy.

(Einige Burschen graben unterdessen den Maibaum aus und alle gehen mit demselben fort, die Musik an der Spitze, hinter der gleich der Sieger einherschreitet.)
(Zatím vykope několik chasníků máj, a všichni odcházejí s ním s hudbou v čele, za níž hned kráčí vítěz.)

Meno mosso.

ff

dim. sempre

p *dim.* *pp* *dim.*

ppp

II. Auftritt. Gottlieb und Regina.
Výstup II. Jeník a Bětuška.

Gold - - ner Traum, steig'im Schlaf zu uns her-nie-der!
lá - - ska nám zla-tý sen nám v spán-ku sne-se.
gold - - ner Traum, steig'im Schlaf zu uns her-nie-der!
lá - - ska nám zla-tý sen nám v spán-ku sne-se.
Mö - ge
At' tvé
Mö-ge ru-hig sein dein Schlummer, o
At' tvé sné-ní pán Bůh chrá-ní, Bě - -
ru-hig sein dein Schlum-mer, Gott - - lieb-chen mein!
sné-ní pán Bůh chrá-ní, Je - - ní-čku můj!
Lieb-chen mein!
tu - ško má!

Fern von dir sei je - der Kum - mer und je - de Plag',
At' tvé sně - ní pán Bůh chrá - ní, Je - ní - čku můj,
Fern von dir sei je - der Kum - mer und je - de Plag',
At' tvé sně - ní pán Bůh chrá - ní, Bé - tu - ško má,
pp
Gottliebchen mein, ja, dein Schlummer mach dich frei von je - dem
Je - ní - čku můj, do sví - tá - ní; at' tvé sně - ní pán Bůh
pp
Reginchen mein, ja, dein Schlummer mach dich frei von je - dem
Bé - tu - ško má, do sví - tá - ní; at' tvé sně - ní pán Bůh
p
pp
Kum - mer, von je - der Plag', bricht an der Tag,
chrá - ní, Je - ní - čku můj, do sví - tá - ní,
Kum - mer, von je - der Plag', bricht an der Tag,
chrá - ní, Bé - tu - ško má, do sví - tá - ní,
f
dim.
p

p dim.
bricht an der Tag, bricht an der Tag!
do sví - tá - ní, do sví - tá - ní!
p dim.
bricht an der Tag, bricht an der Tag!
do sví - tá - ní, do sví - tá - ní!
dim.
pp
pp
Schei - den wir, o Theu - rer, schei - den
Roz - luč - me se, drahý, roz - luč-
pp
Schei - den wir, o Theu - re, schei - den
Roz - luč - me se, drahá, roz - luč-
pp
wir, o Theu - rer, der Lie - be gold - ner Traum sich
me se drahý, lá - ska zla - tý sen nám
wir, o Theu - re, der Lie - be gold - ner Traum sich
me se drahá, lá - ska zla - tý sen nám
p

sen - - - - ke nie - - der, der Lie - - - be gold - ner
v spán - - - - ku sne - - se, lá - - - - ska zla - tý
sen - - - - ke nie - - der, der Lie - be
v spán - - - - ku sne - - se, lá - ska
fp
Traum sich sen - - - - ke nie - - - der, mö - ge ru - hig
sen nám, v spán - - - - ku sne - - - se, at' tvé snė - ní
gold - ner Traum sich sen - ke nie - - - der, mö - ge ru - hig
zla - tý sen nám, v spán - ku sne - - - se, at' tvé snė - ní
pp
poco a poco ritard.
sein dein Schlummer, fern von dir sei je - der Kum - mer, oh ne Kum - mer
pán Bůh chrá - ní, at' tvé snė - ní pán Bůh chrá - ní. Je - ní - čku můj,
sein dein Schlummer, fern von dir sei je - der Kum - mer, dein sanf - ter
pán Bůh chrá - ní, at' tvé snė - ní pán Bůh chrá - ní. Bé - - tu - ško
poco a poco ritard.
f
pp

quasi Andante.
a tempo
sei dein Schlummer, und oh-ne Plag; bricht an der Tag.
do svi - tá - ni Je-ni-čku muj, do svi - - tá - - ni.
Schlaf sei oh - ne Kum - mer, und oh-ne Plag bricht an der Tag.
má, do svi - tá - ni, Bě-tu-ško má, do svi-tá - ni.
quasi Andante.
a tempo
ppp
pp
Schei-den wir, ja,
Roz - luč - me se,
pp
Ja, schei - den wir!
Roz - - luč - me se.
f
pp
ppp
scheiden wir, Ge-lieb-ter mein!
roz-luč - me se, drahý,
Sanft und ruhig sei dein Schlummer,
ať tvé sně-ní pán Bůh chrá-ni,
Schei-den wir, Ge-lieb-te mein!
Roz - luč-me se, drahá,
Sanft und ruhig sei dein Schlummer,
ať tvé sně-ni pán Bůh chrá-ni,

und oh - ne Plag', bricht an der
Je - ní - čku můj, do sví - tá -
und oh - ne Plag', ja, oh-ne Plag', ja, oh-ne
Bě - tu - ško má, Bě-tu-ško má, Bě-tu-ško
Ped.
Tag, bricht an der Tag, bricht an der Tag.
ní, do sví - tá - ní, do sví - tá - ní.
(Sie umarmen sich, Gottlieb eilt ab.)
(Obejmou se; Jeník odběhne.)
Plag' bricht an der Tag, bricht an der Tag.
má, do sví - tá - ní, do sví - tá - ní.
pp
f
Più mosso.
fp
pp

Andante.

Regina. Bětuška.

Ach, mein Herz füh-let Angst und Pein von neu-em; bin so al-lein hier, wie ein Baum im

Ach, u srd-ce mne to tak div-ně bo-lí, neb sa-ma jsem, jak hruška v ši-rém,

pp

Più mosso.

p *f* p

Freien. Der Graf wird kommen bald, o we-he mir! ich wollte, Gottlieb wär'

po-li. A kní-že při-jít má, toť straš-li-vé! že Je-ník ne-ví to,

pp

Andante, quasi Recit.

pp

doch lie-ber hier! Wohlan, ich ru-fe ihn zu-rück. Hör', mein

toť o-škli-vé! Hned mu-sím za-vo-lat ho zpět. Slyš, Je-

pp

Ped.

Liebster! Komm her!

ní-čku! Přijď sem!

Gottlieb (hinter der Scene). (Gottlieb tritt auf.)

Jeník (za scénou) (Jeník vystoupí.)

Was ist's? So-gleich!

Co chceš? Hned, hned!

a tempo

tranquillo

*

Gottlieb.
Jeník.
Regina.
Bětuška.
Da bin ich schon! Sprich, hast du mich noch lieb?
Tu, dra-há, jsem! Mluv, zda mě mi-lu-ješ?
Recit.
willst mir aus Lie-be ei-ne Bit-te ge-wäh-ren?
zda ně-co z lá-sky u-či-nit mi chceš?
Più Allegro.
Allegro.
Gottlieb.
Jeník.
Ja,
Aj,
Recit.
al-les, was du kannst be-geh-ren!
vše-cko, co jen tvým je přá-ním!
Allegro.
Recit.
Regina.
Bětuška.
Weisst, dass des Grafen Bli-cke mich
Slyší kní-že o mne stojí a
lieb-begehrend tra-fen? Ach, kann ich sei-ner mich er-weh-ren?
á-kla-dy mi stro-jí. Ach, já se před ním ne-u-brá-ním!
Gottlieb.
Jeník.
Was nützt da un-ser Be-mü-hen?
Co a-le či-nit má-me?
Regina.
Bětuška.
Auf der Stel-le ent-
Hned na ú-těk se
p dolce

Gottlieb.
Jeník.
Regina.
Bětuška.
flie-hen! Du sel-ber willst, dass ich flieh mit dir? Ja, flieh du nur mit mir!
dá-me! Ty sa-ma, ty sa-ma to-mu chceš? Když ty mě po-ve-deš!
Gottlieb.
Jeník.
Ja, flieh du nur mit mir, ja, flieh du nur mit mir!
Když ty mě po-ve-deš, když ty mě po-ve-deš!
Du willst es selber, willst, dass ich ent-flieh mit dir?
Ty sa-ma to-mu chceš, ty sa-ma to-mu chceš?
mf
dim.
ritard.
Andante.
Regina. Bětuška.
Wol-len wo ein Heim uns gründen lieb-vereint, wo uns nimmer-dar soll finden
Na-jde-me si jin-de klid-ný ú-tu-lek, kde ne-stih-ne nás ten bíd-ný
p dolce
pp
rit.
a tempo
un-ser Feind, wo uns nimmer
li-dí vztek. Kde ne-stih-ne
Gottlieb.
Jeník
Ja, wol-len wo ein Heim uns gründen lieb-vereint, wo uns nimmer-
Na jde-me si jin-de klid-ný ú-tu-lek. Kde ne-stih-ne
ritard.
a tempo

poco acceler.

dar soll fin-den, wo uns nim-mer-dar soll fin-den, wo uns nim-mer-dar soll fin-den, wo uns
nás ten bíd-ný, kde nás ne-stih-ne ten bíd-ný, kde nás ne-stih-ne ten bíd-ný, kde nás

dar soll fin-den, wo uns nim-mer-dar soll fin-den, wo uns nim-mer-dar soll fin-den, wo uns
nás ten bíd-ný, kde nás ne-stih-ne ten bíd-ný, kde nás ne-stih-ne ten bíd-ný, kde nás

poco acceler.

nim-mer-dar soll fin-den un-ser Feind; wo wir nach ge-treu-em Die-nen
ne-stih-ne ten bíd-ný, li-dí vztek; mů-žem ně-kde spo-lu slou-žit,

nim-mer-dar soll fin-den un-ser Feind; wo wir nach ge-treu-em Die-nen
ne-stih-ne ten bíd-ný, li-dí vztek; mů-žem ně-kde spo-lu slou-žit,

ritard. *a tempo*

uns des Lie-bes-glücks, des Lie-bes-glücks erfreu'n.
ště-stí lá-sky, ště-stí lá-sky, po-ží-vat.

uns des Lie-bes-glücks, des Lie-besglücks erfreu'n, o Re-gi-na, wo wir mit zufried'nen Mienen
ště-stí lá-sky, ště-stí lá-sky, ště-stí lá-sky po-ží-vat. Ne-bu-dem se ví-ce sou-žit

ritard. *a tempo*

le-ben ganz für uns al-lein, wo wir nach ge-treuem Dienen uns des Lie-besglücks erfreu'n.
a-ni li-dí zlých se bát, mů-žem ně-kde spo-lu slou-žit ště-stí lá-sky po-ží-vat.
Wo wir nach ge-treuem Dienen uns des Lie-besglücks er-freu'n, wo wir mit zu-friednen Mienen
Mů-žem ně-kde spo-lu slou-žit, ště-stí lá-sky po-ží-vat, ne-bu-dem se ví-ce sou-žit,
Wo wir nach ge-
Mů-žem ně-kde
leben ganz für uns al-lein, wo wir nach ge-treu-em Die-nen le-ben für
a-ni li-dí zlých se bát; ne-bu-dem se ví-ce sou-žit, a-ni zlých
treuem Die-nen uns des Lie-bes-glücks erfreu'n, wo wir mit zu-friednen
spo-lu slou-žit, ště-stí lá-sky po-ží-vat, ne-bu-dem se ví-ce
mf
dim.

uns ganz al - lein, wo wir mit zu-fried' - - nen, mit zufriednen
li - - dí se bát, ne-bu-dem se ví - - - ce, ne-bu-dem se
Mie-nen le-ben ganz für uns al-lein, mit zu-fried'nen Mie-nen
sou-žit a-ni li-dí zlých se bát, ne-bu-dem se sou-žit,
p
Mie - - - nen le-ben ganz für uns al - lein! Wol-len wo ein
sou - - - žit, a-ni li-dí zlých se bát. Na jde-me si
le-ben ganz für uns al - - - lein! Wol-len wo ein
a-ni li-dí zlých se bat. Na-jde-me si
dim.
pp
f
p dim. sempre
poco a poco rit.
Heim uns gründen lieb-vereint, wo uns nimmer - dar soll fin-den un-ser Feind;
jin-de klid-ný ú-tu-lek, kde ne-stih-ne nás ten bid-ný li-dí vztek.
f
p dim. sempre
Heim uns gründen lieb-vereint, wo uns nimmer - dar soll fin-den un-ser Feind;
jin - de klid-ný ú-tu-lek, kde ne-stih-ne nás ten bid-ný li-dí vztek.
poco a poco rit.
mf
pp

a tempo
wo wir nach ge - treuem Dienen uns des Lie-bes - glücks er-freu'n,
Mů-žem ně-kde spo-lu slou-žit, ště-stí lá-sky po - ži - - - vat.
wo wir nach ge - treuem Dienen uns des Lie-bes - glücks er-freu'n,
Mů-žem ně-kde spo-lu slou-žit, ště-stí lá-sky po - ži - - - vat.
a tempo
mf cresc.
wo wir mit zu-friednen Mienen, mit zu-friednen Mienen
Ne-bu-dem se ví-ce sou-žit, ne-bu-dem se sou-žit,
wo wir mit zu-friednen Mienen, wo wir mit zu - friednen Mie - nen
Ne-bu-dem se ví-ce sou-žit, ne - - bu - dem se víc sou - žit
le-ben für uns ganz al-lein.
a - ni li-dí zlých se bát.
(Gottlieb küsst Regina und eilt fort nach rechts im Hintergrunde, Regina nach links. Es wird ganz dunkel.)
(Políbí se a odběhnou, Jeník do zadu v pravo, Bětuška v levo. Stmí se úplně.)
le-ben für uns ganz al-lein
a - ni li-dí zlých se bát.
ff grandioso
pp
dim.
ppp
8255

III. Auftritt. Martin und Konrad.
Výstup III. Martin a Václav.

Martin (auftretend) (vystupuje)
Allegro.
mf
Recit.
Hur_tig, Jör_ge, Hans und Stef_fen! könnt ihr denn hier-her nicht tref_fen? Rollt's nur wei_ter her, ihr fau_len Spat_zen, Je_dem winkt ja von mir dann ein Batzen!
Honem, Hon_zo, Voj_to, Va_šku! po_spě_šte si pře_ce, já_řku! Vy_val_te ho zti_cha až sem. ho_ši, dám vám ka_ždému po jed_nom groši.
(Die Knechte rollen ein grosses Fass auf die Bühne, stellen dasselbe vor dem Fenster des Gebäudes rechts auf.)
(Pacholci vyvalí veliký sud, postaví jej pod okno stavení v pravo a odejdou.)
Ei, wie steht es da so mäch_tig, wie ein stel_zer E_del_mann, ha ha ha!
Kou_kej, jak tu he_zky sto_jí, ja_ko há_ký mi_lost_pán, ha ha ha!
ritard.
a tempo
pp
8255

Konr.
Ja, der Spass ist gar zu präch_tig, selbst der Graf wird lachen dann, ha ha ha! Ich
Ta_hle švan_da za to sto_ji, by ji znal sám kní_že pán, ha ha ha!
Václ.
Martin.
spü_ re keine Lust zum La_chen, denn mich drücken andre Sa_chen. Steh nicht wie ein ar_mer
Věř_ te, ne_ni mi do smí_chu, lá_ska ta mne vi_ní z hři_chu. Ne_stůj tu jak zmoklá
Sünder hier, ho_len lie_ber gleich die Prügel wir, schlagen unsern Mann
sle_pi_ce, ra_děj se mnou pojď pro pa_li_ce, ať mu na_tlu_čem
nach den Noten dann, schlagen unsern Mann nach den Noten dann, nach den Noten
po spů_so_bu svém, ať mu na_tlu_čem po spů_so_bu svém, po spů_so_bu
(Beide ab.)
(Odejdou.)
dann.
svém.
dimin.

IV. Auftritt. Gertrud kommt mit der Gräfin und Bertha, die wie Regine gekleidet sind.
Výstup IV. Veruna přivádí kněžnu a Bertu, kteréž jsou oblečeny jako Bětuška.

Allegretto scherzando.
Gräfin.
Kněžna.
Bin Re_gi_nen äh_lich un_ge_heu_er, ei_ne Dorf_prin_zes_sin voll No_bles_se,
Ne_vy_pa_dám_li, jak Bě_tu_lin_ka ja_ko ňá_ké děv_če ze stat_ku?
p
fänd' auch ganz ge_ wiss ei_nen Frei_er, wenn ich Sonntags gin_ge zur Mes_ se,
Ji_ stě sel_ské_ho bych na_šla syn_ka, kdy_bych tak šla na mši o svát_ ku.
ritard.
fänd' auch ganz ge_ wiss ei_nen Frei_er, wenn ich Sonntags gin_ge zur Mes_ se.
ji_ stě sel_ské_ho bych na_šla syn_ka, kdy_bych tak šla na mši o svát_ ku.
ritard.
Bertha.
Berta.
Bin Re_gi_nen ähnlich un_geheu_ er, ei_ne Dorfprin_
Ne_vy_pa_dám_ li jak Bě_tu_lin_ ka, ja_ko ňá_ké
Gertrud.
Veruna.
Seid Regi_nen ähnlich un_ge_heu_er,
Ba, že o_bě ja_ko Bě_tu_lin_ka,
a tempo
con Ped.

Gräfin. Kněžna.
Bin Re - gi - nen ähn - lich un - ge -
Ne - vy - pa - dám - li jak Bě - tu -
Bertha. Berta.
zes - sin voll No - bless', fän - de auch ganz ge - wiss ei - nen Frei - er,
děv - če ze stat - ku? ji - stě sel - ské - ho bych na - šla syn - ka,
Gertrud. Veruna.
Dorf - prin - zes - sin - nen seid ihr voll No - bless', fän - - - det
ja - ko dvě děv - čát - ka ze stat - ku, ji - - - stě,
heu - - - - er, ei - ne Da - me voll No - bless', fän - de auch ganz ge -
lin - - - - ka, ja - ko děv - če ze stat - ku? ji - stě sel - ské - ho
wenn ich Sonn - tags gin - ge zur Mes - - - - se, fän - de wahrscheinlich
kdy - bych tak šla na mši o svát - - - - ku, ji - stě sel - ské - ho
ganz ge - wiss auch hüb - sche, jun - ge Frei - er, wenn ihr Sonn - tags
ji - - - stě by - ste na - šly z dvor - ce syn - ka, kdy - by - ste tak
wiss ei - nen Frei - er, wenn ich Sonn - tags gin - ge zur Mes - se.
bych na - šla syn - ka, kdy - bych tak šla na mši o svát - ku.
auch ei - nen Frei - er, wenn ich Sonn - tags gin - ge zur Mes - se.
bych na - šla syn - ka, kdy - bych tak šla na mši o svát - ku.
gin - get zur Mes - se, gin - - - - get zur Mes - se.
vy - šly o svát - ku, vy - - - - šly o svát - ku.
pp

Allegro molto.
Auf_ge_putzt schön das Haar,
Ve vla_sech tka_ni_ce,
Allegro molto.
pp sempre
prachtvoll das Sei_den_band,
na kr_ku gra_ná_ty,
schö_ne Gra_na_ten gar
na pr_sou je_hli_ce,
pran_gen um Hals und Hand,
ži_vu_tek za_pja_tý,
Rö_cke auch un_ge_zählt,
suk_ní as půl ko_py,
Rö___cke auch un_ge_zählt, Al___les so
suk___ní as půl ko_py, fěr___tu_šek

Al _ les so schön ge_wählt,
fěr _ tu _ šek sfá _ bo _ ry!
Al _ les so schön ge_wählt,
ži _ vů _ tek za _ pja _ tý,
Al _ les so schön ge_wählt,
fěr _ tu _ šek sfá _ bo _ ry!
Al _ les so schön ge_wählt,
ži _ vů _ tek za _ pja _ tý,
schön ge_wählt,
sfá _ bo _ ry!
Al _ les so schön ge_wählt, schön ge_wählt,
ži _ vů _ tek, ži _ vů _ tek za _ pja _ tý,
Rö _ cke auch un _ ge _ zählt, Al _ les so schön ge_wählt,
suk _ ní as půl ko _ py, suk _ ní as půl ko _ py,
Rö _ cke auch un _ ge _ zählt, Al _ les so schön ge_wählt,
suk _ ní as půl ko _ py, suk _ ní as půl ko _ py,
Rö _ cke auch, Rö _ cke auch un _ ge_zählt, Al _ les so schön ge _ wählt,
suk _ ní as, suk _ ní as půl ko _ py. suk _ ní as půl ko _ py,
Rö _ cke auch un _ ge_zählt, Al _ les so schön gewählt,
suk _ ní as půl ko_py, fěr _ tu _ šek sfá _ bo _ ry.
Rö _ cke auch un _ ge_zählt, Al _ les so schön gewählt,
suk _ ní as půl ko_py, fěr _ tu _ šek sfá _ bo _ ry.
Rö _ cke auch un _ ge_zählt, Al _ les so schön ge _ wählt, je _ der Knopf, je _ de Schnur _
suk _ ní as půl ko_py, fěr _ tu _ šek sfá _ bo _ ry, ka _ ždý ať po _ cho _ pí,

ritard.
a tempo
Andern zum Trotze nur _ _ hier mein Herzchen, hier mein Herz, oh _ ne Scherz,
ji _ ným že na vzdo _ ry. I _ nu, tu _ hle? sr _ _ dé _ čko, můj zla _ tý,
Andern zum Trotze nur _ _ hier mein Herzchen, hier mein Herz, oh _ ne Scherz,
ji _ ným že na vzdo _ ry. I _ nu, tu _ hle? sr _ _ dé _ čko, můj zla _ tý,
und als Restchen _
I _ nu, tu _ hle?
ritard.
a tempo
hier mein Herz, oh _ ne Scherz, mein Herz, mein Herz, oh _ ne Scherz.
sr _ _ dé _ čko, můj zla _ tý, sr _ _ dé _ čko, můj zla _ tý.
hier mein Herz, oh _ ne Scherz, mein Herz, mein Herz, oh _ ne Scherz.
sr _ _ dé _ čko, můj zla _ tý, sr _ _ dé _ čko, můj zla _ tý.
das Herz, das Herz, oh _ ne Scherz.
sr _ _ dé _ čko, můj zla _ tý.
a tempo
ritard.
Und die Du _ ka _ ten da _ heim in dem Kästchen, mein Lieb _ ster,
Du _ ká _ ty, du _ ká _ ty mám do _ ma v tru _ hle, mám do _ ma.
Und die Du _ ka _ ten da _ heim in dem Kästchen, sieh die Du _ ka _ ten nur.
Du _ ká _ ty, du _ ká _ ty mám do _ ma v tru _ hle, du _ ká _ ty, du _ ká _ ty
Sieh die Du _ ka _ ten nur
Du _ ká _ ty, du _ ká _ ty

sieh die Du - ka - ten nur, mein Lieb - ster, blin - ken im Käst - chen,
du - ká - ty, du - ká - ty mám do - ma, mám do - ma v tru - hle,
mein Lieb - ster, sieh die Du - ka - ten nur, mein Lieb - ster,
mám do - ma du - ká - ty, du - ká - ty mám v tru - hle,
blin - ken im Käst - chen, sieh die Du - ka - ten nur blin - ken im Käst - chen,
mám do - ma v tru - hle, du - ká - ty, du - ká - ty mám do - ma v tru - hle,
sieh die Du - ka - ten nur blinken da - heim in dem Käst - chen.
du - ká - ty, du - ká - ty, du - ká - ty mám do - ma v tru - hle.
sieh die Du - ka - ten nur blinken da - heim in dem Käst - chen.
du - ká - ty, du - ká - ty, du - ká - ty mám do - ma v tru - hle.
sieh die Du - ka - ten nur blinken da - heim in dem Käst - chen.
du - ká - ty, du - ká - ty, du - ká - ty mám do - ma v tru - hle.
Ha, ha, ha,
Ha ha ha
Ha, ha, Frau
Ha ha ha
Ja die Welt kann hier ge - win - nen zwei der schönsten Bäu - e - rin - nen!
Ško - da, že to ne - ni snad - né, by - ly by z vás sel - ky řádné!

Ber_tha, wir zwei Bäu_e_rin_nen!
Ber_to, my dvě sel_ _ky!

Grä_fin, wir zwei Bäu_e_rin_nen!
kněž_no, my dvě sel_ _ky!

Lasst die Zeit nur nicht nutz_los ver_strei_ _chen!
Jen tu dě_le ne_chy_tej_me lel_ _ky,

Nur schnell an's Werk, nur schnell an's Werk!
kdí_lu, kdí_lu, kdí_lu, kdí_lu!

Gräfin. Kněžna.
Sag' uns jetzt, was und wie, auf wel_che Wei_se?
Po_věz nám, co teď vše_cko či_nit má_me?

Bertha. Berta.
Sag' uns jetzt, was und wie, auf wel_che Wei_se?
Po_věz nám, co teď vše_cko či_nit má_me?

Gertrud (zu Bertha.)
Veruna (k Bertě.)
Ihr geht nun hin, Fräulein Ber_tha, und öffnet das
Vy jdě_te jen, sleč_no, tam, o_tevř_te.

Fenster_chen lei_se; seht ihr Mos_je Jean vom wei_ten, müsst ihr weit die Ar_me brei_ten.
o_ké_ne_čko, až pak Jea_na u_vi_dí_te, hned ho k so_bě pří_vá_bí_te.
Bertha.
Berta.
Ja der kann sich freu_en, soll mir's schwer be_reu_en!
Ten se mů_že tě_šit! za to, že chtěl hře_šit,
Gräfin.
Kněžna.
Was denn ich?___
A co já?___
Bertha.
Berta.
Gertrud.
Veruna.
sag's ihm, so gut ich kann, straf' ihn e_xemplarisch dann. Eu'r Gnaden müssen
do_brou lekcí já mu dám pří_klad_ně ho po_tre_stám. Vy pak, milost_
cresc.
war_ten hier auf den Gat_ten, den zar_ten, un_ver_zagt und
pa_ní, po_stav_te se na če_ká_ní ve vra_tech, a

kommt der Herr Graf hier_her zum Liebesschmaus, tre_ten Sie nur schnell heraus.
kni_že_te pá_na když_tu shlédne_te, bez o_kol_ku vy_jdě_te.
dim.
pp
Gräfin.
Kněžna.
Nur aus Lie_be thu' ich's, ar_mes Ding, zu be_schä_men den
Z lá sky jen to či_ním, Bůh to ví, by se po_lep_šil
Gertrud.
Veruna.
eit_len Flat_ter_ling. Geht nun, geht nun, säum't nicht
ten bla_ho_vý. Jdě_te, jdě_te, sly_ším
pp
(Die Gräfin geht mit Bertha ins Haus rechts. Gertrud versteckt sich seitwärts hinter der Umzäunung.)
mehr, und be_fol_get gu_te Lehr'!
hřmot, já se skry_ju za ten plot.
(Kněžna vejde s Bertou do stavení v pravo. Veruna se skryje stranou za plotem.)
fz
pp

V. Auftritt. Die Vorigen (auf ihren Plätzen) Martin und Conrad kommen von links her, mit Knütteln bewaffnet.

Výstup V. Předešlé na svých místech. Martin a Václav přijdou s klacky z levé strany.

(Beide verstecken sich rechts hinter dem Gebäude, in welchem sich die Gräfin u. Bertha befinden.)
Pos - se!
fra - ška!
(Skryjí se na pravo za domem, do něhož vešly kněžna a Berta.)
p
pp
pp
VI. Auftritt. Die Vorigen. Der Graf aus dem Hintergrunde.
Výstup VI. Předešli. Kníže z pozadí.
Andante con moto.
pp
dim.
Graf. Kníže.
O schö - ne Mai-nacht, voll won - ni - ger Sü - sse,
O, no ci má jo - vá, tak pl - ná kou - zel,
a piacere
wer fühlt nicht Glück in sei - - - ner
kdo tvou by ne ve - le - - - bil
ritard.
colla parte

a tempo
Brust?
řiš?
Emp-fan - - ge,
Kdo by
Theu - re, von mir die in - nig - sten Grü - - sse,
ti ne - šel vstříc? Kdo by se vzpou - - zel
rit.
rei - - che mir das Füllhorn der Lust!
z tvých ru - kou vzít roz-ko - še číš?
Presto.
Wo soll ich fin - den die sehn-lichst sucht mein Herz?
Kde a - le na - jdu tu, jíž srd - ce zbož-ňu - je?
Presto.
Recit.
Regino (kommt vom Gebäude links) Bětuška (přichází ze stavení v levo)
O Him - mel, was be - ginn' ich? der Graf ist schon
Můj Bo - že, co si po - čnu? Kní - že již tu
Recit.

VII. Auftritt. Die Vorigen. Die Gräfin tritt aus ihrem Versteck hervor.
Výstup VII. Předešlí. Kněžna vyjde z úkrytu.
Presto.
Gräfin.
Kněžna.
da!
Graf. Kníže.
Himmel!
Pa-ne!
Mein Re-ginchen!
Bé-tu-lin-ko!
Theu-re!
Dra-há!
Presto.
p
f Recit.
willst du mich ein we-nig lie-ben, dann beglückst du mich garsehr!
dej mi slad-ké zdroje bla-ha po-znat ve tvém ná-ru-čí.
Presto.
pp
Gräfin (bei Seite)
Kněžna (stranou)
Fre-velst heut zum letz-ten-mal! Ich wer-de leh-ren
Dnes již hře-šíš na-po-sled; man-žel-ka tě
f
Recit.
pp
Sie, mein Herr, treu zu blei-ben als mein Gemahl!
na-u-či ce-stu cno-sti o-pon-šlet!
Presto.
p
ritard.
f
p

Moderato.
Graf. Folge meinem Herzensdrange, reich' zum Kusse mir die Wange!
Kníže. Upokoj mé roztoužení dej mi sladké políbení;
Komm nur näher zu mir Armen, lass dich zärtlich doch umarmen!
přibliž se jen, přibliž ke mně, dej se přivinouti jemně.
pp
Gräfin. Was würde sagen Ihre Frau Gemahlin, wenn sie hier mich fände als Rivalin?
Kněžna. Co by ale řekla vaše paní, kdyby sem tak přišla znenadání?
Graf. Kníže.
Sprich nicht von der Fadesten der Faden, Liebreiz mehr könnt ihr nicht schaden!
Nevzpomínej mi té ženy nudné! domnění tvé, dívko, nudné.
Gräfin. Kněžna.
Schön ist sie, so sagen Kenner, sie kann bezaubern alle
Je tak krásná, jako růže, okouzlí každého

Män - ner. Wie ih - re Au - gen prangen, klein ist das schö - ne Mündchen,
mu - že. Dvé hlad - kých jem - ných li - cí a pře - ma - lin - ká ú - sta,

lo - ckend zum Lie - bes - ständ - chen, ro - sig die fri - schen Wan - gen:
na hla - vě ka - deř hu - stá, jak vi - - ny splý - va - jí - cí:

ist das nichts, bit - te sehr? Was wol - len Sie noch mehr?
to vše - cko ne - ní nic? aj, co by - ste chtěl víc?

ist das nichts, bit - te sehr? ist das nichts, bit - te sehr? was wol - len Sie noch mehr?
to vše - cko ne - ní nic? to vše - cko ne - ní nic? aj co by - ste chtěl víc?

was wol - len Sie, was wol - len Sie noch mehr?
aj, co by - ste chtěl, co by - ste chtěl víc?

Graf. Kníže.
Sie ist ein Mon-strum al-ler Frau-en! ich will gar nicht in's Ant-litz
To ne-ní že-na, to je dra-či-ce! ji ne-mo-hu po-hlédnout
p
pp
Graf. (bei Seite) Kněz. (stranou)
Graf. Kníže.
ihr schau-en. Du Un-ge-heu-er! Viel lie-ber
na lí-ce. Ty ha-neb-ní-ku? Raďs di-vai
(bei Seite) (stranou)
Du Un-getreu-er!
Ty ne-ver-ní-ku!
seh ich ein al-tes Weib! Du a-ber bist so schön an
bych se na ba-bu. Ty a-le jsi tak pí-na
Seel' und Leib, mei-ne Lie-be bist du al-lein; weig'-re dich
pa-va-bu, že bez te-be ne-mo-hu žít. Ne-zdrá-hej
Gräfin. Kněžna.
nicht, o wer-de mein! Glaub, dass es bes-ser wär,
se, neu ma-síš být. Ach, dři-ve bu-de líp,
f
p
f

wenn mir der gnäd'ge Herr hät-te den Schen-kungs-brief ge-schrie-ben
když spl-ni-te mi slib a ú-pis na dvo-rec mi dá-te,

auf den Mei-er-hof da drü-ben, den ich mei-nem Gott-lieb
jejž na vrš-ku tam o-nom má-te, bych da-ro-va-la já ho

Graf.
Kníže.

(Reicht ihr den Schein.)
(Podá jí úpis)

ge-ben muss. Hier ist der Schein. Nun, gieb mir ei-nen Kuss!
Je-ní-čku. Zde ú-pis jest. Nuž, dej mi hu-bi-čku!

Gräfin.
Kněžna.

Nein, erst muss ich ihn ver-ber-gen hier, er könnt' ab-
Po-čkej-te, mu-sím ho dří-ve skrýt, v bez-peč-né

(Versteckt den Schein im Mieder.)

han-den sonst kommen mir. (Skryje list za ňadra.)
mí-sto ho u-lo-žit.

VIII. Auftritt. Die Vorigen. Jean. Gottlieb.

Výstup VIII. Předešlí. Jean. Jeník.

L'istesso tempo.

Jean.
Wie ein gu-ter Narr so eilt ich für-bass, ganz er-schöpft sind al-le mei-ne
Bě-žel jsem jak blá-zen tam ko-lem bud, že mi schá-zí dech i vše-cka
Glie-der. Wo ist a-ber je-nes grosse Fass, das doch unterm Fen-ster
sí-la. Kde pak a-le je ten vel-ký sud, kte-rý pod o-kén-ko
Hier sollte stehn?
po-sta-vi-la?
(Bertha erscheint am Fenster.)
(Berta objeví se u okna.)
Andante con moto.
Gräfin. Kněžna.
Wenn die Gnä-di-ge jetzt kä-me!
Kdy-by a-le mi-lost-pa-ní
Bertha.
Berta.
Komm, o komm, Herz-lieb-ster mein!
Sem, ach sem můj mi-lý!
Jean.
Du mein En-gel, so hold und
An-dě-li můj přespaní.
Graf.
Kníže.
Ei-le, ei-le an mein Herz, das dich sucht!
Za-nech, zanech všeho, zanech u-pej pá-ní.
Andante con moto.

Gottlieb.
Jenik.
(Sich nach Regina umschauend)
(Ohlíží se po Běťušce)
Ha! was soll denn dies be-
Co se je-nom Ma-lo
Konrad.
Václav.
Seht, kaum steht er auf den Bei-nen! wie er stöhnt, es
Jean. Hleď-me, jak tu smut-né krá-či, he-ká chu-dák,
rein!
lý!
Mart.
Seht ihn nur, kaum steht er auf den Bei-nen!
Hleď-me, hleď-me, jak tu smut-né krá-čí,
f
p
Bertha.
Steig nur hier aufs Fass, Ge-lieb-ter da!
Vstou-pni je-nom na to pr-kýn-ko.
Gottlieb.
Jenik.
den-ten?
a si
Ha, was ist's?
Ha, co to?
Konr.
Vác.
ist zum Wei-nen!
Blei-ben auf der
Jean. že to k plá-či!
Do-brý po-zor
Ja bei dir o-ben bin
U te-be jse dra-há
Graf.
Kníže.
Ei-le an mein Herz, das
Mám tě, mám tě už, dí-tě
Mart.
wie er stöhnt, es ist zum Wei-nen! ja wir blei-ben auf der Spur ihm heut,
he-ká chu-dák, že to k plá-či, do-brý po-zor o-ba dej-me jen,
pp

Gräfin. Krěžna.
Wenn die Gnä-di-ge jetzt kä-me!
Kdy-by a-le mi-lost pa-ní
Bertha.
Komm, o komm,
Sem, ach sem,
Gottl. Jenik.
Un-ser Graf hier mit ihr!
zde o-na s kní-že-tem!
Spur' ihm heut, fällt in's Fass er, wird er durch-ge-bläut,
o-ba dej-me jen, jak tam spad-ne, i-hned vy-jdem ven,
ich im Nu! du En-gel
hne-dlin-ko, an-dě-li
dich mir sucht! Lass doch die-se
bá-zli-vé za-nech vše-ho
fällt ins Fass er, wird er durch-ge-bläut, wird er auf der
jak tam spad-ne, i-hned vy-jdem ven, do-brý po-zor
pp
tr
Liebster mein! Steig' her-auf nur, mein Ge-lieb-ter du!
můj mi-lý. vstou-pni je-nom na-to pr-kýn-ko!
Er hätschelt sie, streichelt sie vor den
a on ji tu ob-ji-má mně
wird er auf der Stel-le tüch-tig durch-ge-bläut, wird er auf der Stel-le
do-brý po-zor dej-me, i-hned vy-jdem ven, do-brý po-zor dej-me,
mein, so hold und rein, ich bin bei dir in
můj pře-spa-ni-lý, u te-be jsem
Zie-re-rei-en! Ei-le an mein Herz, das dich nur
u-pej-pá-ní mám tě, mám už dí-tě bá-zli-
Stel-le tüch-tig durch-ge-bläut, wird er auf der Stel-le tüch-tig durch-ge-
dej-me, i-hned vy-jdem ven, do-brý po-zor dej-me, i-hned vy-jdem

Reiz nicht län - ger mei - ne Ei - fer - sucht!
Po - znej po - mstu že - ny žár - li - vé!
Au - gen mir!
před zra - kem!
tüch - tig durch - ge - bläut, tüch - tig durch - ge - bläut,
i - hned vy - jdem ven, i - hned vy - jdem ven,
ei - nem Nu, ich bin bei dir in ei - nem Nu!
hnedlin - ko, u te - be jsem hne - dlin - ko!
sucht!
vé
bläut, wird er auf der Stel - le tüch - tig durch - ge - bläut!
ven, do - brý po - zor dej - me, i - hned vy - jdem ven!
(Giebt dem Grafen einen Backenstreich)
(Dá knížeti políček.)
Bra - vo, bra - vo, bra - vo, bra - vis - si - mo!
Do - bře, do - bře, do - bře, do - bře je - to!
(Fällt in's Fass)
(Spadne do sudu)
Hil - fe, Hil - fe, Hil - fe, Hil - fe!
Po - moc, po - moc, po - moc, po - moc!
Ach!
Ach!
8255

Bertha.
Berta.
Presto.
Schlagt ihn nur, den
Jen ho stlučte,
Gottlieb.
Jeník.
Konrad.
Václav.
Haut ihn, haut ihn, haut den Frechen, haut ihn, haut ihn
Jen ho, jen ho, jen ho mažme, jen ho, jen ho,
Martin.
Haut ihn, haut ihn, haut den Frechen, haut ihn, haut ihn
Jen ho, jen ho, jen ho mažme, jen ho, jen ho,
tr
ff
Presto.
fp
Ungetreuen, schlagt den Ungetreuen!
nevěrnika, jen ho, jen ho stlučte,
(zur Gräfin)
(ke kněžně)
Komm zu mir, Süsse, gieb ein paar Liebesküsse!
Dej se mi zlíbat, děj se mi zlíbat, Běto!
nur, den Frechen, haut ihn, haut den Frechen!
jen ho mažme, jen ho, jen ho mažme!
nur, den Frechen, haut ihn, haut den Frechen!
jen ho mažme, jen ho, jen ho mažme!

Gräfin. Knèžna.
Fort von mir, du Aus - bund al - ler Bau - - ern - söh - ne!
Pryč o - de mne, pryč o - de mne, sel - - - ský syn - ku!
Bertha.
E - wig soll ihn, soll ihn das ge - reu - - en!
zrád - né - - ho to zá - - let - - ní - - ka!
Graf. Kníže.
We - he mir! es ist ja Ro - sa - lin - - - - - de!
Bě - da, bě - da mně, toť sa - ma 'kněž - - - - - na!
Martin.
Gert. (zu Martin)
Ver. (k Mart.)
Hört doch nur auf ihn zu schlagen! es ist Herr Jean, lasst euch nur sa - gen!
Nech - te ho pro Kri - sta pá - na, vždyť bi - je - te pa - na Jea - na!
Konrad. Vác.
Haut ihn, haut ihn, haut den Fre - chen! hei - len wir sei - nen Lie - bes - gram!
Jen ho, jen ho, jen ho mlaž - me, lá - sku tu z ně - ho vy - plaš - me,
Graf. Kníže.
We - - he mir, dass ich die hier fin - de!
bě - - da mně, má žin - ka něž - ná!
Martin.
Haut ihn, haut ihn, haut den Fre - chen! hei - len wir sei - nen Lie - bes - gram!
Jen ho, jen ho, jen ho mlaž - me, lá - sku tu z ně - ho vy - plaš - me,
fp

Gräfin. Kněžna.
Fort von mir, du frecher Junge, such wo anders
Pryč ode mne selský synku, hledej jinde

Bert.
Schlagt ihn nur, den Ungetreuen! Ewig soll er
Jen ho, stlučte nevěrníka, zrádného to

Konr. Václav.
Haut ihn, haut ihn, haut den Frechen! heilen wir seinen
jen ho, jen ho, jen ho mažme, lásku tu zněho

Jean.
Weh, o weh! ich kann's nicht mehr er-
Ou - vej, ou - vej, ou - vej, to to

Mart.
Haut ihn, haut ihn, haut den Frechen! Heilen wir seinen
jen ho, jen ho, jen ho mažme, lásku tu zněho

L'istesso tempo.

deine Schöne! Fort, du Frecher! Fort, du
Bětulínků, pryč ode mne, pryč o-

das bereuen! Schlagt den Frechen! Schlagt den
záletníka, jen ho stlučte, jen ho

Gert. Ver.
Hört doch einmal auf zu schlagen! 's ist Herr Jean, lasst euch nur
Nechte ho pro Krista pána, vždyť bijete pana

Liebesgram! Haut ihn, haut ihn, den Frechen! haut ihn, haut ihn, den
vyplašme, jen ho, jen ho mažme, jen ho, jen ho

tragen! Au weh! au
bolí, ou - vej, ou -

Graf. Kníže.
Wehe mir, wehe
Běda mně, běda

Liebesgram! Haut ihn, haut ihn, den Frechen! haut ihn, haut ihn, den
vyplašme, jen ho, jen ho, mažme, jen ho, jen ho,

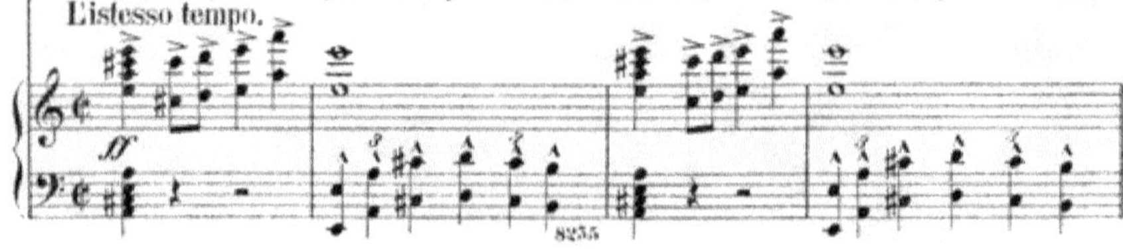

Fre-chen!
de mne!
Fre-chen!
stluč-te!
sa-gen!
Jea-na!
Fre-chen!
maž-me!
weh!
vej!
mir!
mně!
Theu-re Gat-tin!
Dra-há cho-ti,
Fre-chen!
maž-me!
fp
dimin.
Konrad. (zu Jean)
Václav. (k Jeanovi)
Gna-de, Gna-de! wollt ver-ge-ben! thun's nicht mehr im gan-zen Le-ben!
Mi-lost pa-ne od-pu-ště-ní za to vel-ké pro-vi-ně-ní!
wollt' ver-ge-ben die-sen Streich für's gan-ze Le-ben!
od-pu-ště-ní, za to vel-ké pro-vi-ně-ní!
Mart. (zu Jean, der aus dem Fasse steigt)
(k Jeanovi, jenž vyleze ze sudu)
Gna-de, Gna-de! wollt ver-ge-ben! thun's nicht mehr im gan-zen Le-ben!
Mi-lost pa-ne, od-pu-ště-ní za to vel-ké pro-vi-ně-ní!
pp
pp

Bertha (welche unterdessen das Haus verlassen hatte, zu Jean.)
Berta. (která zatím byla vyšla z domu, k Jeanovi.)
Schänd - li - cher Ver - rä - ther! knie nie - der und
Zrád - ce ha - - neb - ný, hned klek - ni, že
Gräf. (zum Grafen.)
Kněž. (ke Knížeti.)
Schande tref - fe Sie und bitt' - - re Reu - e, dass
Jdě - te, ne - mě la jsem a - - ni zdá - ni, že
con Ped.
schwöre es zu thun nie wie - der, schwö - re es zu thun nie
od - pro - sit mne chceš řek - ni, že od - pro - sit mne chceš
Sie so mir loh - nen, dass Sie so mir loh - nen mei - - ne
tak po - ba - ní - te že tak po - ba - ní - te svo - - ji
Jean.
Theu - er - ste Ber - tha, ver - zei - he mir nur!
Pro - sím tě, Ber - ti - čko, od - pusť mi to,
wie - der!
řek - ni.
Treu - e!
pa - ni!
sichst ja, wie ich's bit - ter - lich be - reu - - e!
vi - díš pře - ce, jak mi to - ho lí - - to.
Hö - re mich, Bertha, ach!
Pro - sím tě, Ber - ti - čko,
Graf. Kníže.
Sieh, o Theu - - re,
Dej - me vý - host,
pp

hö.re mich, Bertha ach, Ber.tha ach, ver.zei - he! siehst ja, wie ich's
prosím tě, Ber.ti.čko, od.pusť mi to, od - pusť, vi - dīš pře - ce,

mei - ne tie.fe Reu - e! Treu - e Lie - be schwör' ich dir auf's
dra - há, všech něm vá - dám, pří - sa - hu ti věr - no - sti zas

Bertha. Berta.

Nim.mer.mehr darf's a.ber wie.der je ge - schehn!
Jen když se to ni.kdy ví - ce ne - sta - ne!

(Er steht auf und küsst Bertha die Hand.)
(Vstane a políbí Bertě ruku.)

bit - ter - lich be - reu - - - - e!
jak mi to - ho lí - - - - to!

neu - - - - - - e!
sklá - - dám!

Gräf.
Kněž.

(Der Graf steht auf und küsst der Gräfin die Hand)
(Kníže vstane a políbí kněžně ruku.)

Nun, für diesmal sei's ver.ziehen!
Vstaň - te pře.ce, vstaň - te, pa.ne!

Graf (zu Martin)
Kníže (k Martinovi)

Du bist schuld nur dran, du ar.mer Tropf, denn du hast ein Töch.ter.lein, ein so lie.bes
A tím vším jsi vi.nen jen ty sám, že máš hez.kou dce.ru.šku, že máš hez.kou

Allegretto scherzando.

Mäg-de-lein, ein so lie-bes Mäg-de-lein, das uns Al-le bringt noch um den
dce-ru-šku, roz-to mi-lou Bě-tu-šku, kte-rá ro-zum sple-tla by všem
Bertha.
Berta.
Gräfin
Kněžna.
Gertrud.
Veruna.
Du bist schuld nur d'ran, du ar-mer Tropf, ar-mer Tropf, ja du, ja du ar-mer
A tím vším jsi vi-nen jen ty sám, jen ty sám, jen ty, jen ty, jen ty
Gottlieb.
Jeník.
Konrad.
Václav.
Joan.
Du bist schuld nur d'ran, du ar-mer Tropf, ar-mer Tropf, ja du, ja du ar-mer
A tím vším jsi vi-nen jen ty sám, jen ty sám, jen ty, jen ty, jen ty
Graf.
Kníže
Kopf.
nám.
Martin.
Ich bin, hör' ich, schuld nur d'ran, ich ar-mer
Já prý, já prý, já prý vším tím vi-nen
p

Du bist schuld nur d'ran, du ar_mer Tropf, denn du hast ein hübsches Töchter_lein, ein so liebes schmuckes
A tím všim jsi vi_nen jen_ty sám, že máš hezkou, hezkou dce_ru_šku, že máš rozto_mi_lou
Du bist schuld nur d'ran, du ar_mer Tropf, denn du hast ein hübsches Töchter_lein, ein so liebes schmuckes
A tím všim jsi vi_nen jen_ty sám, že máš hezkou, hezkou dce_ru_šku, že máš rozto_mi_lou
Tropf!
jsem!
Du bist schuld nur d'ran, du ar_mer Tropf, denn du hast ein hübsches Töchter_lein, ein so liebes schmuckes
A tím všim jsi vi_nen jen_ty sám, že máš hezkou, hezkou dce_ru_šku, že máš rozto_mi_lou
Du bist schuld nur d'ran, du ar_mer Tropf, denn du hast ein hübsches Töchter_lein, ein so liebes schmuckes
A tím všim jsi vi_nen jen_ty sám, že máš hezkou, hezkou dce_ru_šku, že máš rozto_mi_lou
Tropf!
jsem!
Du bist schuld nur d'ran, du ar_mer Tropf, denn du hast ein hübsches Töchter_lein, ein so liebes schmuckes
A tím všim jsi vi_nen jen_ty sám, že máš hezkou, hezkou dce_ru_šku, že máš rozto_mi_lou
Tropf!
jsem!
Mäg_de_lein, das sie Al_le bringt noch um den Kopf, Al_le bringt es um den Kopf
Bě_tu_šku, kte_rá mu_že sved_la by všem nám, mu_že sved_la by všem nám
Mäg_de_lein, das sie Al_le bringt noch um den Kopf, Al_le bringt es um den Kopf
Bě_tu_šku, kte_rá mu_že sved_la by všem nám, mu_že sved_la by všem nám
Mäg_de_lein, das uns Al_le bringt noch um den Kopf, Al_le bringt es um den Kopf
Bě_tu_šku, kte_rá mu_že sved_la by všem nám, mu_že sved_la by všem nám
Mäg_de_lein, das uns Al_le bringt noch um den Kopf, Al_le bringt es um den Kopf.
Bě_tu_šku, kte_rá mu_že sved_la by všem nám, mu_že sved_la by všem nám
Mäg_de_lein, das uns Al_le bringt noch um den Kopf, Al_le bringt es um den Kopf
Bě_tu_šku, kte_rá mu_že sved_la by všem nám, mu_že sved_la by všem nám.

Bertha.
Berta.
Du bist schuld nur d'ran, du ar_mer Tropf,
A tím vším jsi vi - _ nen jen_ty sám,
Gräfin.
Kněžna.
Du bist schuld nur d'ran, du ar_mer Tropf,
A tím vším jsi vi - _ nen jen_ty sám,
Gertrud.
Veruna.
Du bist schuld nur d'ran du ar_mer Tropf, denn du hast ein hübsches
A tím vším jsi vi_nen jen_ty sám, že máš hezkou, hezkou
Gottlieb.
Jeník.
Konrad.
Václav.
Jean.
Du bist schuld nur d'ran, du ar_mer Tropf, denn du hast ein hübsches Töch_ter_lein,
A tím vším jsi vi_nen jen_ty sám, že máš hezkou, hezkou dce_ru_šku,
Graf.
Kní.
Du bist schuld nur d'ran, du ar_mer Tropf, denn du hast ein hübsches Töch_ter_lein,
A tím vším jsi vi_nen jen_ty sám, že máš hezkou, hezkou dce_ru_šku,
Martin.
Ich bin schuld nur d'ran, ich ar_mer Tropf, denn ich hab ein hübsches Töch_ter_lein,
Já prý, já prý vším tím vi_nen jsem, že mám hezkou, hezkou dce_ru_šku,
p

pp
G. P.
ja du hast ein liebes schmuckes Töchter-lein, das Al-le bringt noch um den Kopf.
že máš roz-to-mi-lou Bě-tu-lin-ka, kte-rá mu-že sved-la by všem nám
ja du hast ein liebes schmuckes Töchter-lein, das Al-le bringt noch um den Kopf.
že máš roz-to-mi-lou Bě-tu-lin-ku, kte-rá mu-že sved-la by všem nám.
Töchter-lein, ein so liebes schmuckes Mäg-de-lein, das Al-le bringt noch um den Kopf.
dce-ru-šku, roz-to-mi-lou Bě-tu-lin-ku, kte-rá mu-že sved-la by všem nám.
ein so liebes schmuckes Mäg-de-lein, das uns Al-le, Al-le bringt noch um den Kopf.
že máš rozto-mi-lou Bě-tu-šku, kte-rá rozum sple-tla, sple-tla by všem nám.
ein so liebes schmuckes Mäg-de-lein, das uns Al-le, Al-le bringt noch um den Kopf.
že máš rozto-mi-lou Bě-tu-šku, kte-rá rozum sple-tla, sple-tla by všem nám.
ein so liebes schmuckes Mäg-de-lein, das sie Al-le bringt noch um den Kopf.
že mám rozto-mi-lou Bě-tu-šku, kte-rá rozum sple-te mu-žům všem,

pp
Al-le bringt es um den Kopf! Du bist schuld nur dran, du ar - - mer Tropf,
mu-že sved-la by všem nám, a tím vším jsi vi-nen jen - - ty sám,
Ja, du bist
A tím vším
Al-le bringt es um den Kopf! Ja, du bist
ro-zum sple-tla by všem nám. A tím vším
Al-le bringt es um den Kopf! Ich bin, hör' ich, schuld nur d'ran,
ro-zum sple-te mu-žům všem. Já prý vším tím vi-nen jsem,

pp
denn du hast ein hüb-sches Töch - - ter - lein, ein so lie - bes schmuckes
že máš hez-kou, hez-kou dce - - ru - šku, že máš roz - to - mi - lou
pp
denn du hast ein hüb-sches Töch - - ter - lein, ein so lie - bes schmuckes
že máš hez-kou, hez-kou dce - - ru - šku, že máš roz - to - mi - lou
pp
denn du hast ein hüb-sches Töch - - ter - lein, ein so lie - bes schmuckes
že máš hez-kou, hez-kou dce - - ru - šku, že máš roz - to - mi - lou
schuld nur d'ran,
jsi vi - nen
schuld nur d'ran,
jsi vi - nen
schuld nur d'ran,
jsi vi - nen
schuld nur d'ran,
jsi vi - nen
ich bin, hör' ich, schuld nur d'ran,
já prý vším tím vi - nen jsem,
tr
p

Mäg - de - lein, das sie Al - le bringt noch um den Kopf,
Bě - tu - šku, kte - rá mu - že sved - la by všem nám,
Mäg - de - lein, das sie Al - le bringt noch um den Kopf.
Bě - tu - šku, kte - rá mu - že sved - la by všem nám,
Mäg - de - lein, das sie Al - le bringt noch um den Kopf.
Bě - tu - šku, kte - rá mu - že sved - la by všem nám,
ar - mer Tropf, ar - mer Tropf,
jen ty sám, jen ty sám,
ar - mer Tropf, ar - mer Tropf,
jen ty sám, jen ty sám,
ar - mer Tropf, ar - mer Tropf,
jen ty sám, jen ty sám,
ar - mer Tropf, ar - mer Tropf,
jen ty sám, jen ty sám,
denn ich hab' ein Töch-ter-lein, ein so lie-bes Mägde-lein,
že mám hez-kou dce-ru-šku, roz-to-mi-lou Bě-tu-šku.
tr
p

dimin.
ja, du trägst nur die
a tím všim vi - nen
ja, du trägst nur die
a tím všim vi - nen
ja, du trägst nur die
a tím všim ví - nen
du bist schuld nur d'ran, ja, du bist schuld dar - an, ja, du bist schuld dar - an, du
a tím všim jsi vi - nen, a tím všim jsi vi - nen, a tím všim jsi vi - nen
du bist schuld nur d'ran, ja, du bist schuld dar - an, ja, du bist schuld dar - an, du
a tím všim jsi vi - nen, a tím všim jsi vi - nen, a tím všim jsi vi - nen.
ja, du bist schuld dar - an, ja, du bist
a tím všim jsi vi - nen, a tím všim
ich bin, hör ich, ich bin schuld dar - an, ich bin, hör ich, ich bin schuld dar -
já prý, já prý všim tím vi - nen jsem, já prý, já prý všim tím vi - nen
tr
dimin.

pp
Schuld, ar - - mer Tropf,
jsi jen ty sám,
pp
Schuld, ar - - mer Tropf,
jsi jen ty sám.
Schuld, ar - - mer Tropf, ja, du hast ein hüb-sches
jsi jen ty sám, že máš hez-kou, hez-kou
ar-mer Tropf, ar-mer Tropf, du
jen ty sám, jen ty sám, a
ar-mer Tropf, ar-mer Tropf, du
jen ty sám, jen ty sám, a
pp
du bist schuld nur d'ran, du ar-mer Tropf,
a tím vším jsi vi-nen jen ty sám,
schuld, ar-mer, ar-mer Tropf!
jsi vi-nen jen ty sám.
an, ach ich ar-mer Tropf. ich
jsem, vším tím vi-nen jsem, já
pp
Ped.
Ped.

ja, du
a tím
ja, du
a tím
Töch-ter-lein, ein so lie-bes, schmuckes, ein so lie-bes, schmuckes
dce-ru-šku, že máš roz-to-mi-lou, že máš roz-to-mi-lou
hast schuld dar-an, du ar-
tím všim jsi vi-nen jen
hast schuld dar-an, du ar-
tím všim jsi vi-nen jen
du bist schuld nur d'ran, du ar-mer Tropf, ar-
a tím všim jsi vi-nen jen ty sám, jen
bin, hör ich,
prý všim tím
Ped. Ped. Ped.

bist nur ein - zig schuld dar - an.
vším jsi vi - nen jen ty sám,
bist nur ein - zig schuld dar - an.
vším jsi vi - nen jen ty sám.
Mäg - de - lein,
Bě - tu - šku,
- mer Tropf, du bist
ty sám, a tím
- mer Tropf, du bist
ty sám, a tím
- mer Tropf, du bist schuld da - ran, du ar - mer
ty sám, a tím vším jsi vi - nen jen ty
Du bist schuld da - ran, du ar - mer Tropf.
a tím vším jsi vi - nen jen ty sám,
schuld dar an,
vi - nen jsem.

du bist schuld nur d'ran, du ar - mer Tropf,
a tím vším jsi vi - nen jen ty sám,
du bist schuld nur d'ran, du ar - mer Tropf,
a tím vším jsi vi - nen jen ty sám,
du bist schuld nur d'ran, du ar - mer Tropf,
a tím vším jsi vi - nen jen ty sám,
schuld nur d'ran, du ar - mer Tropf,
vším jsi vi - nen jen ty sám,
schuld nur d'ran, du ar - mer Tropf,
vším jsi vi - nen jen ty sám,
Tropf,
sám,
denn du hast ein hüb-sches
že máš roz - to - mi - lou
ich bin, hör ich, schuld nur d'ran, denn ich hab' ein Töchter-lein,
já prý vším tím vi - nen jsem, že mám hez-kou dce-ru - šku,
Ped.
Ped.
Ped.

ar - - - - - - - - - - -
jen
ar - - - - - - - - - - -
jen
ar - - - - - - - - - - -
jen
denn du hast ein hüb-sches Gold - re - gin - chen, das uns
že máš roz - to - mi - lou Bě - tu - lin - ku, kte - rá
denn du hast ein hüb-sches Gold - re - gin - chen, das uns
že máš roz - to - mi - lou Bě - tu - lin - ku, kte - rá
denn du hast ein hüb-sches Gold - re - gin - chen, das uns
že máš roz - to - mi - lou Bě - tu - lin - ku, kte - rá
Töch - ter - lein, das uns
Bě - tu - šku, kte - - - - - - - rá
hab' ein Töch-ter - lein, hab' ein lie - bes, hab' ein lie - bes Töch - ter - lein,
hez-kou dce - ru - šku, roz - to - mi - lou, roz - to - mi - lou Bě - tu - šku,
dimin.
pp

pp
mer
ty
Tropf!
sám.
Al - le bringt noch um den
ro - zum splet - la by všem
Kopf!
nám.
das sie Al-le, das sie Al-le bringt noch um den
kte-rá rozum, kte-rá rozum sple-te mu-žům
Kopf!
všem.

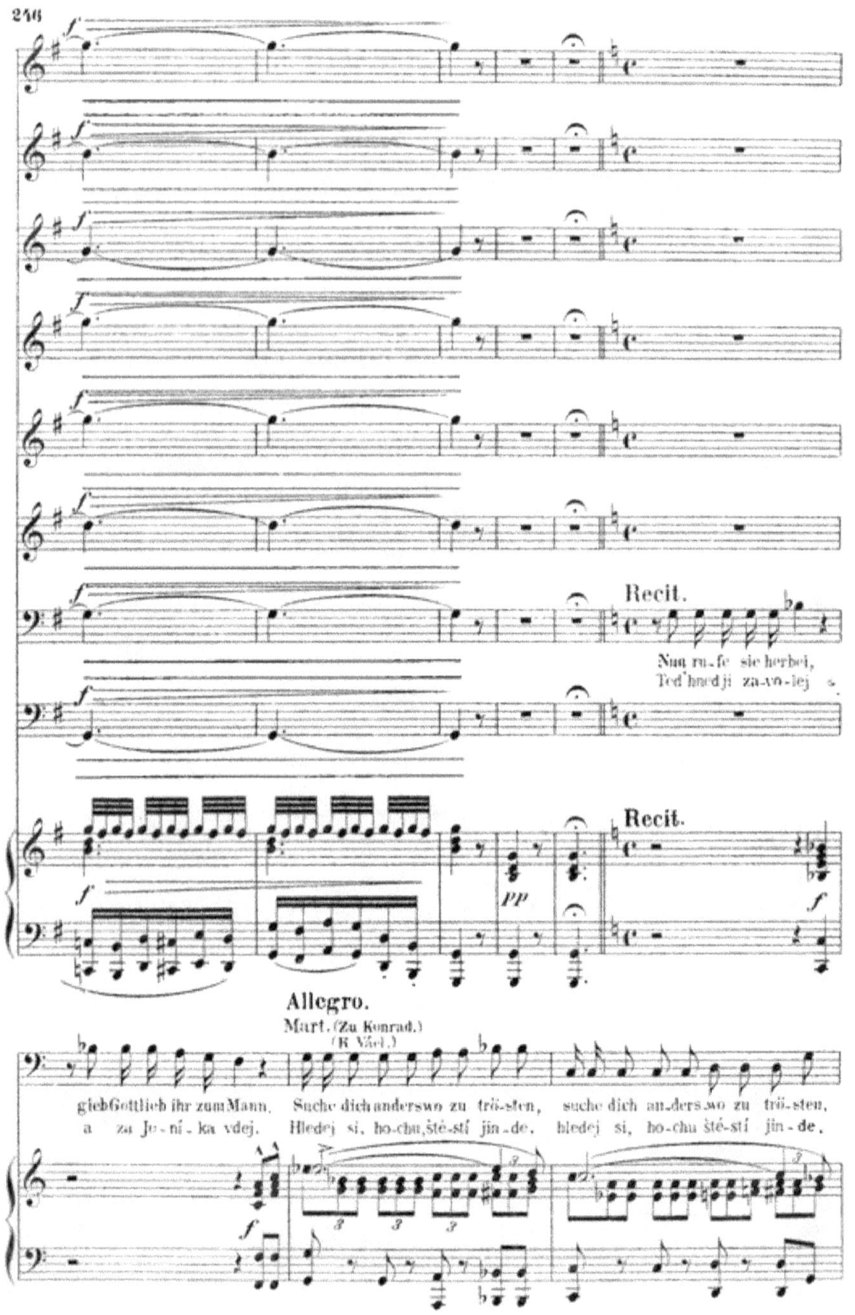
Recit.
Nun ru-fe sie herbei,
Teď hned ji za-vo-lej
Recit.
Allegro.
Mart. (Zu Konrad.)
(K Váč.)
giebGottlieb ihr zumMann. Suche dichanderswo zu trö-sten, suche dich an-ders-wo zu trö-sten,
a za Je-ní-ka vdej. Hledej si, ho-chu,ště-stí jin-de. hledej si, ho-chu ště-stí jin-de.

Lie-bes-E-hen, Lie-bes-E-hen sind doch wohl, wie es scheint, die
ač nerad, ač nerad, mu-sím ti, mu-sím ti dát
(Ab nach links.)
(Odejde v levo.)
be-sten!
kvin-de.
Moderato, quasi tempo di Marcia.
Konrad. Václav.
Glaubst du, ich müs-se
Aj. va-še dce-ra
ein-zig und al-lein nur um dei-ne stol-ze Toch-ter frein?
ne-ní je-di-na, jeť ho-lek pl-ná dě-di-na;
Lass ich auch ger-ne nicht von ihr, find' ich doch leicht ei-ne An-d're hier.
ač já ji ne-rad o-že-lím, přec ji-nou zas si o-bli-bím.
Eins der reich-sten Gü-ter, schö-ne Fel-der, Wie-sen, Au-en!
Vždyť mám sta-tek vel-ký, ko-ně, vo-ly, krá-vy v stá-ji!
rit.
rit.

Ja, mir ge - ben al - le Müt - - - ter ih - - - - re
já vím že mi vše - cky sel - - - ky dcer - - - - ky
pp
Töch - ter gern zu Frau - en. Glaubst du, ich müs - se ein - zig und al - lein
své za že - ny da - ji. Aj, va - še dcera ne - ní je - di - ná,
pp
nur um dei - ne stol - ze Tochter frein? Lass ich auch ger - ne nicht von ihr,
jeť ho - lek pl - ná dě - di - na; ač já ji ne - rad o - že - lím,
find' ich doch leicht ei - ne And're hier. Eins der reich - sten Gü - - - ter,
přec ji - nou zas si ob - li - bím. Vždyť mám sta - tek vel - - - ký,
mf
ritard
schö - ne Fel - der, Wie - - - sen, Au - - - en! Da - rum lu - stig nur und
ko - ně, vo - ly, krá - - - vy, v stá - - - ji. Pro - to ve - se - le si
poco rit.
a tempo
p

muu-ter, juch-he, tra-la-la! denn ein Gmünder geht nicht
vý-skám, i-chu, i-chu-chu! neb si jin-de hol-ku
un-ter, juch-he, tra-la-la, tra-la-la,
zí-skám, i-chu, i-chu-chu, i-chu-chu,
Più mosso.
Più mosso.
(Schwenkt den Hut und geht ab.)
(Odchází mávaje kloboukem.)
tra-la-la, tra-la-la!
i-chu-chu, i-chu-chu!
Tempo I.
p dimin. molto
pp

IX. Auftritt. Die Vorigen. Martin mit Reginen.

Výstup IX. Předešlí. Martin s Bětuškou.

Più mosso.

p

mf

Reg. (zu Gottlieb)
Bět. (k Jeníkovi)

Ist es wahr, schon
Je to prav - da,

f

fp

Meno mosso.

Gottl.
Jen. Recit.

ganz im Rei-nen? Der Herr Graf wird uns ver - ei - nen.
že jsme svo - ji? A - no, kní - že pán nás spo - jí.

Meno mosso.

pp

Gr. (zu Martin)
Kní. (k Martin)

Ma-chen wir ein End' für heu-te, ruf' her - bei die an-dern
Teď ne - má - me ví - ce ča - su, svo-lej sem ve - sni-ckou

f

f

p

X. Auftritt. Martin führt das Landvolk beiderlei Geschlechtes herbei.
Výstup X. Martin přivede vesnický lid.
Allegro.
Leu - te!
cha - su!
Gr. Kni. Recit.
Den Mei - er - hof dort auf der Hö - he, nehmt als Mit - gift eu - rer
Ten sta - tek tam na vr - ší - čku já dá - vám to - bě,
(Die Gräfin reicht dem Grafen den Schein, welchen derselbe Guttlieb übergiebt.)
(Kněžna podá knížeti úpis, jejž tento dá Jeníkovi.)
Allegro.
Martin.
Meno mosso.
E - he.
Je - ní - čku.
Allegro.
Mei - ne Toch - ter sei nun dein, mög' mit dir recht
A já mi - mo Bě - tu - šku, roz - to - mi - lou
Tempo I.
glück - lich sein! Tau - send Tha - ler kriegst du baar, wann du führst sie zum Al -
dce - ru - šku, vy - pla - tím - ti ti - síc to - la - ru, va - ší vel - ké lá - sce

tar.
ku zdaru.
Sopr.
Hört doch, tausend Thaler kriegt er baar, ei, das gibt ein glücklich E-hepaar!
Alt.
Vy-pla-tí mu ti-sic to-la-rů vel-ké lá-sce je-jich ku zdaru!
Chor.
Ten.
Hört doch, tausend Thaler kriegt er baar, ei, das gibt ein glücklich E-hepaar!
Bass
Vy-pla-tí mu ti-sic to-la-rů vel-ké lá-sce je-jich ku zdaru!
Reg.
Bět
Gott ver-lei-he Eu-er Gna-den Glück und Se-gen!
Dě-ku-je-me, mi-lost-pa-ne, mi-lost-pa-ní!
Gottl. Jen.
Gott ver-lei-he Eu-er Gna-den Glück und Se-gen!
Dě-ku-je-me, mi-lost-pa-ne, mi-lost-pa-ní!
Freud' und Lust mög' Euch beglei-ten al-ler-we-gen!
na sta-tek váš dej Bůh za to po-žeh-ná-ní;
Freud' und Lust mög' Euch beglei-ten al-ler-we-gen!
na sta-tek váš dej Bůh za to po-žeh-ná-ní;

Ja, wir wol - len Euch ver - eh - ren stets im Le - ben,
my vás chce - me stá - le ctí - ti do sko - ná - ní,

Ja, wir wol - len Euch ver - eh - ren stets im Le - ben,
my vás chce - me stá - le ctí - ti do sko - ná - ní,

blei - ben e - wig unserm Her - ren treu er - ge - - - ben!
věr - ný - mi vám bý - ti do sko - ná - - - ní.

blei - ben e - wig unserm Her - ren treu er - ge - - - ben!
věr - ný - mi vám bý - ti do sko - ná - - - ní.

Chor.

Sopr.
Gott ver - lei - he Eu - er Gna - den Glück und Se - gen!

Alt.
Dě - ku - je - me, mi - lost - pa - ne, mi - lost - pa - ní!

Ten.
Gott ver - lei - he Eu - er Gna - den Glück und Se - gen!

Bass.
Dě - ku - je - me, mi - lost - pa - ne, mi - lost - pa - ní!

Freud' und Lust mög' Euch be - glei - ten al - ler - we - - gen!

na sta - tek váš dej Bůh svo - je po - žeh - ná - - ní;

Freud' und Lust mög' Euch be - glei - ten al - ler - we - - gen!

na sta - tek váš dej Bůh svo - je po - žeh - ná - - ní;

ff

Ja, wir wol - - len Euch ver - eh - - ren stets im Le - ben,

my vás chce - - me stá - le ctí - - ti do sko - ná - - ní,

Ja, wir wol - - len Euch ver - eh - - ren stets im Le - ben,

my vás chce - - me stá - le ctí - - ti do sko - ná - - ní,

dim. *p*

blei - ben e - wig un - serm Her - ren treu er - ge - - - ben!

věr - ný - mi vám bý - ti do sko - ná - - - ní.

blei - ben e - wig un - serm Her - ren treu er - ge - - - ben!

věr - ný - mi vám bý - ti do sko - ná - - - ní.

Allegro molto.
poco a
Un - ser Graf soll le-ben lan-ge Jah-re! Hoch der Herr-schaft,
Ať náš kní - že ži-je dlou-há lé - ta, jmé - no je - ho
Un - ser Graf soll le-ben lan-ge Jah-re! Hoch der Herr-schaft,
Ať náš kní - že ži-je dlou-há lé - ta, jmé - no je - ho
Allegro molto.
poco a
poco cresc.
Hoch dem neu-en Paa-re! Un - ser Graf soll le - ben, un - ser
pře-čká ko-nec svě-ta, ať náš kní - že ži - je, ži - je,
Hoch dem neu-en Paa-re! Un - ser Graf soll le - ben, un - ser
pře-čká ko-nec svě-ta, ať náš kní - že ži - je, ži - je,
poco cre - scen - do
Graf soll le - ben lan-ge Jah-re! Vi - vat!
ži - je, ži - je dlou-há lé - ta, slá - va,
Graf soll le - ben lan-ge Jah-re! Vi - vat!
ži - je, ži - je dlou-há lé - ta, slá - va,

L'istesso tempo.
vi-vat, vi-vat, vi - - - - - - - - vat,
slá-va, slá-va, slá - - - - - - - - va,
vi-vat, vi-vat, vi - - - - - - - - vat,
slá-va, slá-va, slá - - - - - - - - va,
L'istesso tempo.
ff
Maestoso.
(Der Vorhang fällt.)
(Opona spadne.)
vi-vat!
slá-va!
vi-vat!
slá-va!
Maestoso.
ff
marc. sempre

www.ingramcontent.com/pod-product-compliance
Lightning Source LLC
Chambersburg PA
CBHW020848270326
41928CB00006B/604

* 9 7 8 3 3 3 7 3 2 0 6 6 9 *